KB203856

이 섬에 생명을,
저 섬에 소망을,

맹현리

Henry D. McCallie

이 섬에 생명을, 저 섬에 소망을, 맹현리

초 판 1쇄 인쇄 2024년 3월 8일
1쇄 발행 2024년 3월 20일

편저자 김양호
펴낸이 김양호

펴낸곳 사람이 크는 책
등 록 제2019-000005호
주 소 전라남도 목포시 백년대로 390, 301호
전 화 010-2222-7179
이메일 yangho62@naver.com

디자인 봄
번 역 소지환

ISBN 979-11-968129-5-9(03230)

이 섬에 생명을,
저 섬에 소망을,

맹현리

Henry D. McCallie

김양호 편저

사람이 크는 책

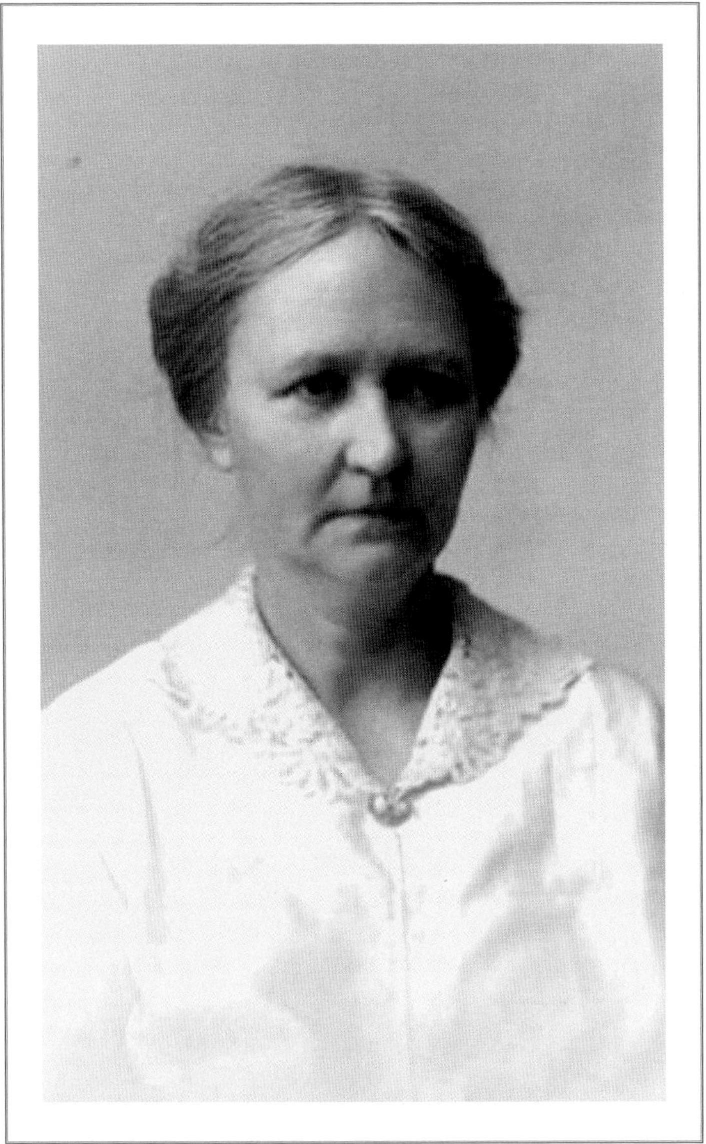

에밀리 코델 선교사

맹현리 선교사

차 례

| 1 부 | 맹현리 생애와 선교

| 2 부 | 맹현리 글

| 머리글 |

매컬리(맹현리) 선교사 책을 냅니다. 목포 기독교 초기 유진 벨과 오웬 이후의 목포 선교와 교회를 일군 선교사 중 한 명이 맹현리 목사입니다. 그는 1907~1927년, 20여년을 목포를 중심으로 특별히 신안, 진도, 완도 등 섬지역 순회 전도와 목회로 헌신하였습니다.

그가 사역하면서 남겨 놓은 보고서 원문 자료를 찾아내 우리말 번역과 함께 2부에 실었고, 1부에서는 그의 생애와 선교에 관해 이야기를 만들었습니다.

지난 130여년에 이르는 호남 선교 역사를 공부하며 알아가는 시간은 하나님의 은혜와 축복을 새삼 덧입는 가슴 벅차고 흥분된 시간이었습니다. 2011년 이후 선교사들이 남긴 편지와 보고서를 읽으며 보낸 하루하루는 감동과 감사의 시간이었습니다. 그 소중한 이야기들을 글로 쓰고 책에 담았습니다.

목포와 전남의 기독교 이야기, 그리고 작년에 유진 벨 선교사에 이어 이번에 맹현리 선교사에 대한 책을 내게 되어 감사합니다. 우리 지역 선교 기독교 역사에 관한 책으론 6번째가 됩니다. 앞으로도 계속해서 하늘 부르심에 마음을 담고 연구하며 글을 쓰고 책을 내고자 합니다.

맹현리 책을 내는 데 도움을 주신 분들이 참 많습니다. 소중한 인연들을 새롭게 만든 것도 정말 하나님의 손길이요 은혜입니다. 추천사와 함께하는 글을 보내주신 분들에게 감사드립니다.

맹현리의 종손되는 미국 채터누가의 후손들과 연락이 되어 숱한 이메일을 주고 받으며 교제한 것은 기쁜 일이었습니다. 엘리너 쿠퍼 씨는 미국의 작가이고 그의 남동생은 맹현리의 모교회인 채터누가장로교회의 장로로 섬기고 있습니다.

맹현리의 조사 마서규의 증손자 되시는 마동환 장로님을 알게 된 것도 감사했습니다. 로스앤젤레스에서 변호사로 수고하며 미주법인 굿네이버스 이사장으로 섬기시는데, 함께 통화하며 마서규 조사에 대한 그동안의 궁금증을 조금이나마 더 알게 되어 기뻤습니다.

맹현리의 또 다른 조사 박도삼 장로의 손자 박정식 목사님을 알고 지내온 것은 오래전부터의 일이었습니다. 케냐에서 선교하시는 박 목사님은 페이스북에 종종 제 글을 보시며 좋은 답변과 함께 하늘의 은혜를 나누며 격려 축복하여 주셨고 선친 박요한 목사님에 대한 이야기도 많이 전해 주셨습니다.

맹현리 조사 정관진 장로의 아들 정인권 목사는 순천 (금당) 남부교회의 설립자입니다. 의사로서 순천 지역사회에 선한 영향력을 끼치는 서종옥 장로님이 금당남부교회 장로로 섬기고 있어 역사적 의미가 또한 남다릅니다. 오래전부터 호남 선교 역사 공부를 같이하며 마음을 써주는 저의 최애 벗이요 동지입니다. 이 책 발간에 서 장로님과 금당남부교회가 크게 헌신하여 주셨습니다.

목포 교계에서 가장 큰 리더십을 발휘하는 송태후 장로님은 제가 청년 때부터 알고 지내오며 존경하는 오랜 선배요 스승입니다. 신안 출신으로서 특별히 섬 사역에 헌신한 맹현리 선교사가 마음에 크게 자리했기에 저와 자주 맹현리에 대해 묻고 그의 삶을 나누었습니다. 2023년 여름 맹현리에 대한 송 장로님과의 나눔이 저에게 크게 도전이 되어 가을부터 맹현리 책을 쓰기 시작하게 되었고 이렇게 결실이 되었으니 이 책은 송태후 장로님의 뒷배가 큽니다.

미숙한 글 읽어 주시고 살펴 주시며 더 풍성하도록 도움 주신 임희모 교수님, 옥성득 교수님 등 여러 사람에게도 감사드립니다. 까다롭기 그지없는 100여 년 전의 미국 선교사 영문 글들을 헤아리고 이해 넓히며 우리말로 번역에 힘써 준 소지환 선생의 수고와 그 누구보다 탁월한 솜씨로 멋지고 아름답게 디자인 편집을 해 준 디자인봄에도 감사를 드립니다.

이 책을 펴들며 잘 읽어 주실 모든 독자께도 고마움을 드립니다. 청춘을 이 목포와 전라도에 뿌린 맹현리 부부 선교사를 기억하며 목포 호남의 기독교 역사를 더 알아가는 재미와 감동, 그리고 하나님에 대한 은혜와 감사 헌신이 새로워지길 소망하며 축복합니다.

2024년 3월

목포기독교역사연구소 김양호 목사

| 추천사 |

흑암에 사는 백성에게 복음의 빛을 비춰준 사도

목포기독교근대역사관 건립이 진행되고 있는 시점에 목포기독교역사연구소 김양호 목사께서 목포를 중심으로 섬 지역을 누비며 선교에 주력했던 매컬리 선교사의 사역 행전을 펴내게 되어 참으로 기쁩니다.

신안 섬에서 출생하여 매컬리 선교사의 영적 맥을 이어온 저는 김양호 목사께 선교사에 대한 자료를 수집하여 책을 펴 내줄 것을 여러 번 요청하였습니다. 이번에 숨겨진 선교 역사 가운데 특별히 섬 선교에 헌신한 매컬리 책 발간으로 생명 역사가 회복되는 기쁨을 더없이 누립니다.

매컬리 선교사는 미국 테네시주의 채터누가에서 태어났습니다. 목사인 아버지와 명문 정치 지도자의 후손이었던 어머니 사이에서 열두 번째 자녀로 태어나 명문학교에서 수학하였습니다. 엘리트로서 신학을 전공하고 목사가 되어 하나님께 헌신하였습니다. 미국남장로교단의 1907년 파송을 받아 목포를 중심으로 20년간 사역하였습니다.

화려한 미국에서의 생활이 보장되었지만 세계에서 가장 가난했던 조선 땅 일제의 노골적인 침략 야욕이 극성하던 어두운 시대에 조선에 와서 목포를 중심지로 신안, 진도, 완도, 해남, 고흥, 여수, 경남 사천에 이르는 방대한 서남해안 일대의 섬 지역을 누비며 죽음의 사선을 몇 차례 넘기면서 복음을 전했습니다.

간호사 출신의 아내 에밀리 코델 선교사는 가는 곳마다 임시 의료 진료소를 설치하고 많은 환자를 치료하였고, 남편 매컬리 선교사는 복음을 전하며 사람들을 가르쳐 교회가 이루어지도록 했습니다. 교회가 세워지면 현지의 조사들에게 맡기고 또 다른 지역으로 옮겨가며 선교사역을 이어갔습니다. 매년 각 교회를 순회하며 성례를 집례하면서 바울처럼 교회를 든든하게 했습니다.

또한 매컬리 부부는 교육사역에도 힘쓰며 목포 영흥학교와 정명학교에서 후학 양성을 위해 노력했고 겨울철 농한기에 농어촌 교회 평신도 지도자들을 모아 달성경학교를 시작하여 교회 일꾼들을 양성했습니다. 이것이 점차 발전하면서 목포 성서신학교가 되었습니다.

매컬리 선교사는 목포에 거주하는 동료선교사들과 팀워크를 이루며 영암, 해남, 강진, 장흥 등 육지의 선교에도 동참하며 평신도 지도자들을 육성하는 일에도 힘쓰며 교회를 든든하게 했습니다.

코로나 팬데믹으로 침체된 교회와 성도들에게 심령을 다시 새롭게 일으킬 생명 역사의 책으로 확신하며 적극 추천합니다. 매컬리 선교사의 영혼 사랑에 대한 뜨거운 열정, 어떠한 고난에도 굴하지 않고 주님이 함께하신 능력을 신뢰하며 돌파하는 믿음이 교회의 성도들에게는 전도의 열정을 일으킬 것이며 자녀들에게는 하나님 나라의 미래와 희망을 열어주는 책으로 여겨 많이 읽히기를 권합니다.

2024년 3월

목포기독교근대역사기념사업회 상임이사 송태후 장로

| 함께하는 글 |

김 목사님께

맹현리 선교사에 관한 책이 출판된다는 소식을 듣게 되어 매우 기쁩니다. 이 책이 나오게 된 것과 한국에서의 선교, 특히 목포에서의 선교에 대해 글을 쓴 당신의 노고에 감사와 축하를 드립니다.

제 이름은 엘리노어 매컬리 쿠퍼입니다. 저는 토마스 훅 매컬리 3세와 함께 이 글을 씁니다. 테네시주 채터누가에 있는 제1장로교회의 오래전 담임목사였던 토마스 매컬리(Thomas Hooke McCallie, 1837~1912) 목사의 아들 중 한 분이 맹현리 선교사입니다. 우리는 토마스 목사의 증손되고 맹현리 선교사의 종손이 됩니다.

저의 집안은 대대로 이 교회의 지도자로, 신자로 함께해 오고 있습니다. 제 남동생 토마스 매컬리 3세는 현재 이 교회의 장로이며 교회 안에서 선교를 강력하게 지도하고 이끌고 있습니다.

증조부 토마스 매컬리 목사는 그의 자녀들을 통해 채터누가에 남녀 학교를 각기 세웠습니다. 두 아들인 James Park과 Spencer를 통해 1905년 남자아이를 위한 매컬리 학교(McCallie School)를 시작했습니다. 그리고 딸 Grace McCallie는 다른 두 명의 친구들과 다음 해인 1906년에 여자아이를 위한 학교인 Girls Preparatory School을 개교하였습니다. 이 두 학교는 지금도 채터누가에 있는 훌륭한 학교들로 지속되고 있습니다.

토마스 매컬리 목사의 또 다른 아들 헨리 더글라스 매컬리(맹현리)는 선교사로 자원하여 한국에 1907년 갔습니다. 그는 1927년 1월 미국으로 돌아올 때까지 20여 년을 목포에서 일하였습니다.

그가 선교하는 중이던 1914년, 그의 어머니 Ellen과 형 James Park은 한국 목포를 방문하여 맹현리를 격려하였습니다. 그들은 귀국하면서 모스크바로 가는 시베리아 횡단 철도를 탔습니다. 그곳에서 그들은 1차 세계대전 발발에 대해 알게 되었습니다. 어머니는 다음 해에 사망했습니다. 그의 형 제임스는 맹현리 선교사의 평생 지지자가 되었고 또 미국 장로교 세계선교위원회에서도 일했습니다.

1923년 목포 여학교에 훌륭한 신축 교사가 지어졌다고 들었습니다. 위에서 언급한 Grace 양이 자신의 동생 맹현리가 사역하는 목포 여학생들을 위해 기부한 사실을 김 목사님께서 이메일로 알려 주셨습니다. 그래서 당시 학교 이름을 매컬리 기념여학교라고 했던 것도 알게 되어 참 고마웠습니다.

저는 그레이스 매컬리 선생님이 한국에서의 선교활동을 지원하고 자신이 운영하는 채터누가의 여학교처럼 이 목포의 여학교를 돕고 싶었으리라 생각합니다.

1918년 그녀가 죽은 후, 그녀의 유언에 따라 가족은 그녀의 이름으로 목포에 헌금을 보냈고, 목포 선교사들은 멋진 교육 시설을 만들어 그 뜻을 아름답게 이었습니다.

맹현리 선교사와 그의 누나 Miss. Grace Eliza McCallie처럼, 100여 년이 지나 그의 후손된 저와 제 남동생은 이 여학교와 한국 목포에서의 선교활동을 기립니다.

우리에게 이 맹현리 책 출판물을 통해 축하할 수 있는 기회를 주셔서 감사합니다.

Mrs. Eleanor McCallie Cooper, 맹현리 종손녀 엘리너 쿠퍼

낙도의 한 점 빛이 되어

필자의 가문은 조부를 통해 복음이 들어와서 현재 5대까지 신앙의 전승이 이뤄지고 있다. 가문의 신앙 내력을 함께 나눔으로써 바울이 에베소서의 서곡으로 기록한 복음의 우주적인 성격과 구원의 신비, 하나님의 경륜과 섭리에 대한 그 실제적인 작은 현장의 역사를 보는 영혼의 열림이 있기를 바란다. 이것은 단지 한 개인이나 가문의 내력만은 아니고 어쩌면 이 땅의 토양에서 이뤄진 조국교회의 복음과 역사를 꾸민 한 단편일지도 모르겠다.

선친 박요한 목사는 예장 합동측 총회장을 역임했고 한국 섬선교회 고문으로서 매년 거의 7~8개월을 정기적인 낙도 복음 전도 및 낙도 교회 순방사역을 감당하셨다. 조국교회의 초기 역사의 한 모퉁이를 받들었던 하나님의 사람들과 마치 서성이는 쓸쓸한 모습의 낙도 교회의 삶을 보게 될지 모르겠다.

선친이 낙도 교회를 순방하던 1984년 8월 가거도에 들어가 83세된 최몽삼 노인을 만났다. 최옹은 70년 전 조부께 '초학

문답'과 성경, 찬송을 배운 일을 바로 어제의 일인 듯 생생하게 기억해냈다. 그리고서 당시의 전도집회에 대하여 말해 주었다. 천막을 치고 북을 치면서 쪽복음을 들고 축호전도를 했다고 했다. 선친은 가거도 황해교회 임형채 집사에게 새 성경을 주기로 하고 '성경젼서'를 받았다. 이 낡은 성경책은 1915년경의 것으로서 70년의 세월을 단숨에 뛰어넘어 조부와 선친을 연결해 주었다. 그 이유는 그 성경을 가지고 조부에게 배웠기 때문이다. 서남해의 망망한 바다 가운데 외로이 떠 있는 가거도라는 조그만 섬은 단순한 섬이 아니라 시대의 고리를 이어주는 연결고리였던 것이다. 연결된 고리는 선친에게 조부의 모험에 가득 찬 낙도지방 전도에 관한 갖가지 추억의 단편을 떠올려 주었다.

조부 박도삼은 1876년 3월16일 해남에서 태어났다. 작달막한 키에 완강한 체구의 소유자였던 조부께서는 당시로서는 만혼(晩婚)이라할 1901년(25세)에 결혼을 했다. 이 무렵에 이재(理財)에 뛰어난 수완이 있어서 이미 배를 소유했는데 해남에서 완도를 거쳐 경남 사천까지 왕래하며 장사를 했었다. 어찌나 돈을 많이 벌었는지 엽전을 머슴들이 지어 날랐다고 한다.

조부는 맹현리 선교사로부터 복음을 접하게 된다. 이듬해 세례를 받고 양심에 거리낀다고 하여 장사를 그만두게 된다. 이 선택은 필연적인 것이었으며 새로운 박씨 가문의 탄생을 알리는 것이기도 하였다. 왜냐하면 조부는 예수를 믿는다는 이유로 가문에서 추방되고 완전히 족보에서 삭제되어 버렸기 때문이다.

1908년(32세) 성서공회의 권서(勸書)로, 1915년(39세)부터는 조사로 맹현리 선교사를 도와 신안을 비롯한 전남 서남해안의 여러 섬을 순회하며 성경을 반포하고 전도에 힘쓰며 교회를 세웠다. 도서 지방을 찾는 일이라 늘 배를 타고 바다를 건너야 했고, 섬 주민들의 무속 신앙과 부딪혀야 해서 항상 위험하고 버거운 사역이었다.

조부는 흑산도 진리에 거주하며 본격적인 순회 전도를 시작한다. 그리고 1917년 6월 7일(음력) 흑산도 진리의 세 들어 살던 방에서 선친은 출생하셨다. 조부 박도삼은 권서, 조사, 그리고 교회의 장로로 평생을 살면서 말할 수 없이 열악하고 험난했던 1900년대 섬 지방의 복음 전도와 교회 개척에 헌신하셨다.

우리나라 최서남단에 있는 가거도교회가 세워진 것도 맹현리 선교사가 조부를 통해 개척한 장로교회였다. 이후 유성덕 목사에 의하여 1953년 교단을 바꾸어 오순절교회로 이어오고 있다. 그 외에도 조부가 설립한 도서교회는 도초 중앙교회, 흑산 예리교회, 가거도교회, 만재도교회, 도초 수다교회, 도초 신교교회, 도초 지남교회 등이 있다.

1922년 도초도에 정착한 조부는 이곳에 교회를 세우고 신학문을 가르치고자 사립 성덕학원을 설립하는 한편 농어촌의 발전을 위해 농촌진흥회란 자생단체를 만들기도 하였다.

도초도의 복음화에 바친 조부의 업적과 공헌을 기리고자 도초 지방 출신의 교직자들이 기념비를 세우고 제막식을 거행한 것은 1986년 8월 13일이었다.

선친은 한국 섬 선교회 상임고문을 하시면서 매년 거의 7-8개월을 정기적인 낙도 복음전도 및 낙도교회 순방 사역을 감당하셨다. 60대 연세에는 1년에 200여 개 섬, 70대는 100여 개 섬, 80대부터 급격히 건강히 약해지신 2008년 93세까지도 매년 70여 군데의 섬을 순회하시며 사역하셨다. 선친께서 낙도교회들을 돌아보고 조그마한 힘이나마 동역자들을 돕고 격려해야겠다는 결심을 하게 된 것은 1982년도 미국 여행길에서 귀국한 후였다. 세계 최강국이며 선진국인 미국을 돌아보면서 오히려 역설적으로 조국을 객관적으로 돌아보면서 한국교회에 대한 애정과 특히 그야말로 소외된 섬 지역선교에 대한 열정을 갖게 된 것이다.

선친은 섬 사역을 약 28년 동안 하셨다. 그동안 방문한 섬의 개수는 이루 말할 수 없으며, 이를 위해 드려진 헌금과 온갖 물품도 헤아릴 수 없을 정도이다. 그러나 단 한 번의 방문이라 해도 낙도 방문과 사역은 그 자체로서 때론 험난한 파도와 바람 등의 불순한 기상 때문에 생명의 위험을 느낀 적이 한두 번이 아니었다. 그러니 하나님의 은혜와 인도, 동행하심이 아니었으면 절대 감당하지 못했을 사역이었다. 90대 초반의 연세에도 대중교통을 이용해서 단독으로 섬을 다니시고 사역하시는 걸 보면서 아들의 입장에서도 감탄을 금치 못했었다.

100여 년을 훌쩍 뛰어넘어 가업으로 내려온 섬 선교 역사는 또다시 내가 써 내려가야 할 역사이다.

주님 오시는 그날까지 주의 복음이 온 세상에 전파될 것을 기대하면서! 필자는 일부러 조기은퇴(2009년) 후 원로목사가 되었고, 지금은 케냐 해외 선교사로 사역하고 있으며, 2024년 은퇴를 앞두고 있다.

우리 가문의 신앙의 뿌리와 시작에는 맹현리 선교사가 있다. 한 사람의 헌신된 삶이 한 가문을 살리고 낙도 지역에 복음의 빛을 비췄다. 한 번뿐인 인생, 빨리 지나갈 것인데 오직 이 땅에서 그리스도를 위한 일만이 영원할 것임을 확신한다.

2024년 3월

케냐 선교사, 박도삼 조사 손자 박정식 목사

마서규 조사의 후손으로서

2023년 말 생면부지의 김양호 목사님으로부터 국제전화를 받았습니다. 저는 재미교포로 미국 생활 50년째 되며 마서규 조사님의 증손입니다. 16세에 도미해서 현재 아들로, 아버지로, 남편으로, 장로로, NGO 봉사자로, 변호사로 생활하는 평범한 한국계 미국 시민입니다.

그런 저에게 목포에 계시는 김양호 목사님께서 일체 안면식이 없는 저에게 뜬금없이 전화를 주신 연유는 저의 증조부님되시는 마서규 조사님에 대해 아시길 원해서라 하셨습니다. 목사님은 맹현리 선교사님의 사역일대에 관한 집필을 하시는 중이라 하셨고 목포 양동교회 방문록에 남긴 제 이름과 연락처를 보고 전화 주셨다 하셨습니다.

마서규 조사님은 교단을 초월해 여러 선교사님들의 문화/생활 가이드로 그들의 사역을 도운 동역자이셨으며 말년에는 주로 맹현리 선교사님의 조사로 삶을 사셨습니다.

김양호 목사님과의 인연은 하나님께서 주신 선물입니다.

또한 120년 전 한국땅에 세워진 교회들을 방문하면서 당시 성도들의 모습을 가늠해 보고, 또한 당시 선교 자체가 나라의 개혁이었구나 느끼면서 외국 선교사님과 조사분들께 깊은 감사를 드렸습니다.

아울러, 한국 초창기 기독교의 외국 선교사님들과 그들의 조사들에 관한 김양호 목사님의 관심이 얼마나 귀하고 값진 지 감사드릴 뿐입니다.

더 많은 선교사와 조사의 발자취가 밝혀져, 편안하고 나태해 지는, 말세에 태만해 진 성도의 영성을 각성하고 회개케 해 주시길 부탁드립니다. 목사님의 노고에 감사와 격려를 드립니다.

미주법인 굿네이버스 이사장, 마서규 조사 증손자 마동환 장로

맹현리 선교사, 뱃길 섬선교

1929년 5월 17일 전남 함평군 손불면 산남리 1038 바닷가 산남교회를 류서백 선교사가 [정관진 조사], 나태환 조사와 함께 전기동 외 4인에게 세례를 베풀고 서리집사 2인(전기동, 김옥석)을 세움-선교100주년 기념 함평군기독교연감(2005년, 134페이지).

미국 사우스캐롤라이나 출신 유서백(Nisbet, John Samuel) 선교사와 전라도 해남 출신 정관진 조사는 목포선교부 양동교회에서 서로 도우며 함평 손불 산남교회에서 세례를 베풀고 교회를 세우기 위해 목포-손불을 오고 갈 때 그 먼 길을 육로를 이용했을까? 영산강 지류 물길로 접근했을까? 신안 함평 근해 뱃길을 타고 주포항을 이용했을까?

나의 어린 시절 부모님과 함께한 새벽 무릎 제단 신앙 계승과 중등부 학생회장의 열정이 남겨져 있는 함평 손불 궁산교회는 1923년 민도마(Murphy, Thomas Davidson) 선교사 등의 수고의 열매이다.

2023년 추석 연휴에 아르메니아, 조지아 성지여행 코카스 산지를 동행하던 김양호 목사님이 섬 선교 관련 맹현리 선교사 책을 쓰고 계신다고 해서 나도 마이크를 잡고 순천에 남부교회의 밀알이 된 정관진 장로도 목포 원근 도서지방을 선교사님과 청춘을 바쳐 복음 전파에 헌신한 스토리로 화답하며 '전남 기독교 이야기3'에 이어 아름다운 문서 동역을 응원하는 은혜의 강가를 함께 거닐고 있어 행복하다.

요즘이야 해외선교는 하늘길 비행기 티켓팅이 첫 준비이지만, 1900년대 전후 남장로회 선교사들은 뱃길 승선표를 사고 샌프란시스코나 밴쿠버를 출발하여 태평양을 건너 일본을 거쳐 부산항 그리고 제물포항을 통해 조선 땅에 발길을 올렸으리라. 그리고 제주를 포함한 호남을 사역지로 한 남장로회 선교사들은 제물포를 기점으로 서해안과 남해안의 군산항, 목포항, 우수영 해남, 좌수영 여수, 녹동항을 통해 전주, 나주, 광주, 순천등 내륙 선교지를 다시 산길과 물길을 통해 수고의 발길을 재촉하였으리라.

특히 남장로회 초기 첫 의료선교사 드루(Dr. Drew, 유대모)는 영국령 건지 섬(Guernsey Islands) 출생으로 미국 버지니아에서 성장 후 1894년 내한하여 군산항을 중심으로 의료선을 운영하며 만경강과 금강을 오르내리며 뱃길 선교를 하였다. 나주 선교부 개척 시에도 군산 선교지를 지킨 것은 프랑스 노르망디가 가까운 섬출신 '바닷가 짠물 DNA'가 작동하고 그의 말년을 샌프란시스코항 검역 의사로 태평양 건너 조선과 군산을 바라보며 갯냄새를 그리워했으리라.

드루처럼 1909년 개항장 항구도시 목포 선교부에서 뱃길 섬 선교에 의기투합한 미주리 출신 연상의 연인 간호사 에밀리 코델과 테네시 채터누가 출신 맹현리의 12월 29일 결혼으로 오늘날 '전남 병원선' 다도해 섬 순회 사역의 모태가 되었겠다. 맹부인은 1910년 여름철 25일간 남편과 섬 지역에서 17회 진료소를 열어 380여 명의 환자를 진료하였으며 일손이 달릴 때는 목포 프렌치병원에서도 간호 일을 거들었다.

결혼 전 맹현리는 광주에서 1907년 시작한 어학 공부에서 벗어나, 바닷가 플로리다 출신 '순천선교의 아버지' 변요한(Preston, John Fairman) 선교사와 선임과 후임으로 돛단배를 타고 목포 인근 서해와 남해를 누비기 시작하였다. 바닷가 출신 유대모 선교사처럼, 변요한도 미국 플로리다 퍼난디나(Fernandina) 해변 출신이어서 배와 뱃길에 친숙하여 후임 맹현리에게 바닷길의 매력을 알려주었다.

맹현리 부부가 목포 사역에 전념하게 되자, 프레스턴은 목포를 떠나 광주에서 오웬의 공백을 메웠고, 이후 순천 선교부 개설을 책임지게 된다. 1940년까지 주로 지리산 자락 순천, 곡성과 여수 바닷가에서 플로리다 해변과 목포에서의 추억을 떠올리며 헌신하셨다,

순천 안력산병원 노재수(Rogers, James McLean) 병원장도 여수 인근 바다에서 휴일에는 개인 요트로 심신을 풀었다고 했는데, 순천 선교사 마을 옆집의 바닷가 사람 변요한의 주선과

동선을 상상해본다. 물론 지리산 노고단 수양관에서도 가족들이 함께했으리라.

그러한 상상의 사진들이 이 책을 통해 펼쳐지고, 저자 김양호 목사님과 계획하는 미국 사료 여행을 통하여서도 보물처럼 발견되는 현실이 되기를 기대하며 기도한다.

해남 문내면 고평리 출신으로 평양 숭실에서 수학 후 고향 고당교회에서 신앙생활과 영명학숙 교사로 일제 강점기 남도 해남의 다음 세대들에게 꿈을 주입하던 청년 정관진은 후에 목포에서 맹현리, 김아각, 유서백 선교사 등과 뱃길 산길 선교 조사로 헌신하며 1934년 목포양동교회에서 장로 임직하여 서부 전남의 섬과 내륙 선교로 목포교회의 기둥으로 활약하였다.

그는 9남매를 두셨는데, 안력산병원 출신 큰 아들 정인대 장로와 김원식, 강창원 두 사위 장로가 순천에서 의사로 활동하던 순천으로 이거하여 순천중앙교회를 섬겼고, 목포에서 훈도를 하던 막내아들 정인권은 신학 후 목사로 순천 오리정교회와 순천고등성경학교에서 사역하였다.

부친 소천 후 가족들과 함께 1957년 11월 10일 '故정관진장로기념가족예배당' 교회를 설립하고 초대 목사로 세움을 받아 오늘날, 순천남부교회와 금당남부교회의 역사를 만들게 된다.

선교사 오웬, 프레스턴, 그리고 맹부인과 맹현리가 1900년 초 뱃길로 우수영을 통해 드나들던 해남고당교회 입구 우측 담장의 느티나무 아래에는 1954년 故 정관진 장로가 소천을 앞두고 기증한 석각 종탑과 종이 그 헌신의 소리를 지금도 청아하게 내고 있다.

댕그렁 댕그렁~ 물건너 생명줄 던지어라!
Throw out the Life Line across the dark wave!

2024년 1월 30일 화요일

순천금당남부교회 장로, 안력산의료문화재단 이사장, 위앤장서내과 대표원장 서종옥

제1부

맹현리

생애와 선교

01

고향, 테네시 채터누가

맹현리는 테네시주 채터누가(Chattanooga)에서 나고 자랐다. 미국 동남부에 있는 테네시주는 미국 바이블 벨트의 핵심 지역이다. 미국의 보수적 백인 기독교 우파들의 활동이 왕성하고 흑백 분리주의 운동이 또한 유별난 곳이다.

하얀색 두건을 얼굴에 뒤집어쓴 공포의 집단, KKK의 온상지였다. 쿠 클럭스 클랜(Ku Klux Klan). 흑인 노예 문제를 두고 첨예하게 대립하던 남북 전쟁이 끝난 후, 전쟁에선 패하였으나 흑인에 대한 강경한 분리주의를 고수하던 남부 연합군 출신의 여섯 장교가 비밀 결사 조직을 만들었다.

처음 시작한 곳이 테네시다. 참전 군인들로 시작하였는데, 이내 정치인 뿐만 아니라 목사들까지 참여하는 거대 집단으로 성장했고 미 남부 여러 곳에 확산하였다. 백인 우월주의와 기독교 근본주의 등에 배치되는 흑인들을 비롯하여, 유대인, 가톨릭 신자, 이민자, 동성애자 등까지 무차별적으로 적대, 폭력, 학살을 자행하였던 공포의 악마 집단이 이곳 테네시의 어두운 그림자였다.

또한 테네시주는 미국 정치 종교 영역에서도 도드라지게 보수우파 성향의 기독교 근본주의적 색채가 강한 곳이다. 미국 개신교 규모로 1, 2위를 점하는 남침례회와 연합감리회 본부가 내슈빌에 있다. 미국 대통령 선거를 비롯한 주요 정치 사회 문제가 불거질 때마다 상당한 표심이 몰리고 의사 결정의 향배를 주도하는 곳이 테네시다.

전라도 마케도니아 환상

테네시주의 수도인 내슈빌(Nashville)은 우리 호남 기독교 역사에 있어서 매우 중요한 역할을 한 곳이다. 미남장로교 선교사들이 대거 조선에 파송되어 지난 1세기 동안 호남에서 교회를 세우고 기독교 역사를 펼쳤다. 그 힘찬 생명과 소망의 젖줄, 선교사들의 심장을 일깨우고 도전과 정열의 불을 지핀 곳이 바로 내슈빌이었다.

1891년 10월, 미국 해외선교신학생연맹((Inter-Seminary Alliance for Foreign Missions) 집회가 내슈빌에서 열렸다. 조선에서 선교하던 언더우드가 이곳까지 찾아와 감동적인 연설을 펼쳤다. 아시아의 작은 나라 코리아에 선교사로 함께 참여하자는 도전의 메시지였다.

1885년 한국의 첫 선교사로 찾아와 6년간의 멋진 1기 사역을 마친 언더우드는 1891년 안식년을 맞아 고국 미국에 돌아와 있었다. 안식년 동안 미 전역의 여러 교회와 신학교를 방문하며 강연하면서 한국을 소개하고 자신의 사역을 알려주며 홍보와 후원을 요청하는 한편 젊은이들과 신학도들을 찾아 열정적으로 동원사역도 병행하던 터였다.

언더우드 선교사와 함께 또 한 사람 윤치호의 호소도 참석한 신학도들의 가슴을 울렸다. 구한말 개화파 정치인 윤치호가 직접 전해주는 동양 미지의 나라 조선에 대한 이야기는 젊은이들의 심장을 뛰게 했다. 그것은 마케도니아의 환상을 사도 바울에게 선명히 보여주듯, 하나님께서 참석자들에게 조선을 깊이있게 각인시켜 주는 큰 울림이 되었다.

미 남장로교 조선 선교의 태동

이 집회에서 즉각 반응한 이가 테이트, 레이놀즈와 존슨 학생이었다.

테이트는 이미 한 달 전, 자신의 학교인 시카고 맥코믹 신학교에서도 언더우드로부터 강연을 듣고 조선에 대한 마음을 조금씩 담고 있던 터에 이 집회를 통해 결정적으로 그는 결단하였다.

버지니아 유니언 신학교 학도였던 레이놀즈와 존슨도 마음에 결단을 내리고 학교로 돌아가 동료 학우 전킨에게 강력한 도전을 주었다. 누구보다 가장 앞장서 있었던 존슨이 사정상 중도에 뒤로 빠졌으나 테이트, 레이놀즈에 이어 전킨 이 세 사람이 의기투합하고 네 여성이 함께하므로 미 남장로교 조선 호남 선교가 시작되었다.

1892년 늦가을 7인의 선발대가 내한하여 시작한 미남장로교 조선 선교는 이후 지난 100여 년 동안 약 450여 장, 단기 선교사들이 내한하여 전라남북도를 중심으로 하나님나라 기독교 생명의 역사를 펼쳤다. 그들은 교회를 세워 생명의 복음을 전하고 학교를 세워 청소년들에게 근대 배움의 기회를 제공하였으며, 병원을 세워 숱한 육체의 질병 환자들을 치료하였다. 그들의 수고와 땀, 많은 경우 자신들의 생명을 내어 주면서까지 헌신하며 충성한 덕에 우리 조선의 호남인들은 죽음에서 생명을 얻었고 절망에서 소망을 얻었으며 질병으로부터 고침과 회복의 은혜를 덧입었다.

그 수많은 선교사의 대부분은 미국 중남부 지역 출신이었다. 워싱턴을 경계로 남부의 버지니아와 노스캐롤라이나 출신이 거의 대다수를 이루었고 나머지 중남부 지역에서도 여러 사람이 함께 자원하고 동원되어 조선 호남을 드나 들었다. 그 가운데 한 사람, 매컬리 선교사는 테네시주 출신이었다. 그런데 동향 테네시 출신의 호남 선교 동역자는 그다지 많지 않다. 미 남장로교 선교의 태동지가 테네시주이고 이 지역이 미 개신교계의 상당한 규모와 영향력을 지닌 곳이라서 이곳 출신들이 많을 법한데, 상대적으로 손꼽을 정도에 불과하다.

동향 출신의 동역자와 목포에서

테네시주 출신의 미남장로교 선교사는 10명이 채 안 된다. 그것도 절반은 2~3년 단기 사역자이고 10여 년에서 20여 년까지 비교적 오래 사역한 이는 매컬리를 비롯해 4명 정도다.

여수 애양원의 원목 더럼 선교사의 부인 헬렌(Mrs. Durham, Helen Ruth Keeble, 노혜련, 1935~), 광주와 순천에서 행정 사역하였던 미첼의 부인 메리(Mrs. Mitchell, MaryBelle Keith Maddin, 1926~2014), 그리고 목포 교육 선교사 니스벳 부인이 그들이다. 이들은 다 여성 사역자들이고 맹현리는 테네시주 출신의 미 남장로교 선교사로는 유일한 남성인 셈이다.

헬렌 더럼(노혜련) 선교사는 2024년 초 현재 89세다. 녹스빌 인근의 메리빌 동네에서 한국을 위해 기도하며 여생을 보내고 있다.

테네시주 동향 출신의 사역자가 상대적으로 매우 적은 상황에서 그것도 헬렌과 메리는 해방 후 내한한 한참 뒤의 후배들이었을 뿐이다. 매컬리 선교사가 사역한 호남 선교 초기엔 유애나 선교사가 유일한 고향 동무였다. 그것도 같은 사역지 목포에서 똑같은 시기에 함께 동역하였다.

니스벳(Mrs. Nisbet, Anabel Lee Major, 유애나, 1869~1920) 선교사는 매컬리보다 6개월 앞선 1907년 봄 남편 유서백 목사와 함께 내한하였고, 가을에 매컬리가 뒤따라 내한하였다. 이들은 당시 잠정 폐쇄 중이었던 목포 선교부를 함께 복구하며 목포 사역을 일으키고 전도와 교육 사역 등에 주력하며 동역하였다.

유애나는 교육학을 전공한 첫 교육 선교사로서 목포 정명여학교의 초기 기틀을 다지는 데 크게 기여하였다. 아쉽게도 1919년 3.1운동 와중에 낙상 사고로 1920년 사망하고 말았다. 미국 같은 고향 출신의 두 선교사가 이역 땅 목포에서 벌인 귀한 사역과 우정은 불과 13년 정도였다.

맹현리 선교사는 테네시주에서도 채터누가가 고향이다. 남북전쟁때 남부군과 북부군이 대립하며 가장 격렬한 전투가 벌어졌던 곳으로 알려지는 채터누가는 내슈빌, 녹스빌, 맴피스에 이은 테네시주 4번째 큰 도시다. 현재 미국에서 가장 친환경 도시로 거듭나고 있다.

1950~60년대에는 철강과 화학 중공업 산업의 활황으로 상대적으로 대기 오염이 심각하여 공해 도시로 악명이 높았다. 그러나 1970년대 이후 공장의 오염방지 장치 등의 대규모 정책과 운동으로 그리고 최근에는 전기 자동차 버스 확충 등 친환경 전환으로 상당한 노력이 이어지며 현재는 탄소 줄이기 세

계화와 맞물려 모범적인 생태 도시로 거듭나고 있다.

맹현리 선교사의 고향인 채터누가에는 지금도 그의 많은 후손이 기독교 신앙과 함께 지역사회에서 교회와 학교 사역 등을 펼치고 있다. 채터누가 장로교회와 매컬리 학교 등은 그 집안이 일으킨 대표적인 기관이다. 이 집안에서 나고 자라며 신앙과 선교에 대한 꿈을 키우던 매컬리는 태평양을 건너 조선 목포에까지 왔다.

02

어머니는 16명의 아이를 낳았다

맹현리 선교사, 그의 집안 형제자매는 무려 16명이다. 그의 부모는 모두 11남 5녀를 출산했다. 맹현리는 12번째 자녀이며 아들로는 9번째다.

이 정도면 아버지보다는 어머니에게 관심이 몰린다. 어떤 여성이 아이를 그리도 낳을 수 있나? 생육하고 번성하라지만, 좀체 쉽지 않은 일이고, 찾기 어려운 일이다.

어머니 엘렌(Ellen Douglas Jarnagin)은 1841년 출생하였다. 엘렌 아버지는 테네시 출신의 미국 상원의원 스펜서 자나긴(Spencer Jarnagin, 1792~1851)이다. 멤피스에서 변호사 활동과 함께 정치 활동도 병행했던 자나긴은 주 상원의원에 이어 1843년에서 1847년까지 4년간 연방 상원의원도 지냈다.

자나긴의 자녀 7남매의 딸로 태어났던 엘렌은 21살이던 1861년 1월 28일 토마스 매컬리(Thomas Hooke McCallie, 1837~1912)와 결혼하여 가정을 이룬다. 비슷한 시기에 남편이자 맹현리의 아버지 토마스는 목사로서 채터누가제일장로교회(1stpresbyterian.com) 담임하였다. 그해는 미국 남북 전쟁이 발발하던 때여서 미국 전역이 극한 고통에 시달렸다.

나는 1863년의 크리스마스를 결코 잊지 못할 것입니다. 밖은 모두 겨울이었습니다. 끔찍한 전쟁은 모든 것을 황폐화시켰습니다. 우리 교회는 병원으로 사용되었고, 우리에게 하나님과 그의 집과 예배를 알리는 종소리가 공중에서 울리지 않았습니다. 주일학교, 주간학교도 없었고, 교회는 문을 닫았고, 나만 빼고 목사님들은 모두 사라졌고, 늙은 주민들은 남쪽으로 가거나 북쪽으로 보내졌고, 소수의 가족만이 남았고, 서로 만나는 일도 거의 없었습니다. 상점은 열려 있고, 어떤 종류의 시장도 없고, 거리에 마차도 없고, 공무원도 없고, 세금도 없고, 세리도 없습니다. 다행스럽게도 낯선 사람들이 우리의 거리와 고속도로와 집들을 가득 채웠습니다. 장교들의 마차와 군인들의 떠들썩한 소리와 마을은 천막으로 하얗게 뒤덮였습니다.

귀중한 햇빛이 거의 없는 집은 겨울이었습니다. 우유도, 버터도, 치즈도, 과일도 거의 없었지만 베이컨, 우유나 이스트 없이도 만들 수

남북전쟁이 발발하던 시절 토마스 매컬리 목사가 사역하던 채터누가 제일장로교회
(당시 Market street at seventh street chattanooga에 위치)

있는 빵, 커피, 설탕, 통이 없었습니다. 소금물에 피클이 있었지만 넣을 식초는 없었습니다. 햇빛은 건강했고, 강력한 신의 보호를 받았고, 많은 사람들이 집에서 쫓겨난 곳에서도 우리를 평화롭게 지켜줬으며, 신의 용서와 은혜에 대한 느낌도 있었습니다. 우리를 지켜보십시오.

마침내 2월에 우리는 일요일 아침에 우리 집에서 예배를 열기로 결심했습니다. 그렇게 발표했습니다. 2월 첫 번째 일요일 아침에 우리 집은 주일학교 오르간을 사용하여 가득 찼고, 제 아내는 연주하고 사촌 Lizzie Hooke는 연주했습니다. 남은 소수의 노인들이 군인과 장교들과 함께 이 예배에 참석했고 시민들은 다시 한번 예배의 장소를 갖게 되어 기뻐했습니다(토마스 매컬리 목사).

기쁨과 슬픔이 이어지는 다자녀

맹현리의 아버지 토마스 목사와 어머니 엘렌 여사는 결혼한 그해 1861년 12월 첫 딸을 출산하였다. 그리고 연년생 출산 등, 거의 1~2년에 한 명씩 자녀를 낳았다. 마지막 16번째 막내딸을 낳을 때 어머니 엘렌 여사는 47세였다. 1915년 74세로 사망하였으니 그간의 건강 상황이 어떠했는 지는 모르나 비교적 장수하였다. 토마스 목사는 그보다 3년 전인 1912년 75세로 사망하였다.

자녀가 많다 보니 어렵고 슬픈 일도 많았다. 16명 자녀 중 짧게는 2달 만에 사망한 아이부터 해서 모두 6명이 4살도 못 되어 사망하였고, 또 두 명은 19살에 사망하였다. 자녀의 절반인 8명이 그나마 청년기 이후까지 삶을 살았는데 그들의 결혼과 자녀 출산도 참 부모와는 다르다.

세 명의 딸 중 둘은 평생을 반려자 없이 미혼으로 지냈다. 유일하게 딸 가운데 결혼한 이는 세 번째 딸인 쥴리아인데 20살에 실업가와 결혼하여 5남 1녀를 낳고 87세까지 살았다. 다섯 명의 장성한 아들들은 초혼, 혹은 재혼까지 했음에도 자녀는 대체로 두, 세명에 불과했다. 9번째요 6남이었던 스펜서가 3

남 3녀, 6명으로 가장 많은 자녀를 낳았다. 그들의 부모는 모두 16명이나 낳았는데 자녀들은 한결같이 성장과 결혼, 자녀 출산에서만큼은 훨씬 못 미치는 인생을 보냈다. 장남으로 맹현리의 큰형인 토마스 스펜서는 목사가 되어 채터누가 중앙장로교회를 담임하였다.

채터누가 매컬리 학교, 목포 매컬리 학교

6남 스펜서와 8남 제임스는 아버지의 유업과 후원에 힘입어 채터누가 시내에 매컬리 인문학교를 1905년 세웠고 현재까지도 100여 년 넘게 교육사업이 이어지고 있다.

채터누가의 매컬리학교(McCallie School)는 전형적인 미 남부의 흑백 분리주의를 따랐던 학교였다. 테네시주 모든 공립 학교에는 흑인 아이들의 입학은 아예 허용하지 못하게 헌법에 명시할 정도였던 시대가 오랫동안 이어졌다. 매컬리 학교도 백인 남자아이들만의 학교였다. 1970년대에 들어서야 겨우 흑인들이 조금씩 학교에 들어올 수 있었다. 목사의 자녀들이 세운 기독교 학교를 표방했음에도 미 남부의 기독교 정서는 흑백 문제, 노예 문제에 있어서 만큼은 전혀 성경의 가르침과 상반된 시절이었다.

매컬리 가문이 미국에 새운 매컬리학교가 남학생들의 학교인 반면, 한국의 목포에도 매컬리 학교가 있었는데, 여학생들을 위한 학교였다. 목포에서 선교사역하던 맹현리는 미국의 가족들에게 후원을 요청하여 매컬리 가문이 또한 목포의 학교를 후원하여서 학교 건물을 크고 멋지게 짓고 이 학교를 기부자의 이름을 따 이름을 정했다.

1903년에 시작한 목포 남녀 기독학교, 이 가운데 남학교는 1909년 사우스캐롤라이나 스파탄버그제일교회의 기부로 건물을 짓고 대표 기부자의 이름을 따 '존왓킨스학교'라 하였고, 여학생들을 위한 학교 건물이 1923년에 신축되었을 때 역시 기부자 이름을 빌어 '매컬리기념여학교'라 하였다.

매컬리 집안에서 1만 달러를 목포여학교에 기부한 이는 그레이스(Miss. Grace Eliza McCallie, 1865~1918)이다. 그레이스 양은 집안의 둘째 딸이었는데, 언니인 장녀가 19살에 일찍 죽자, 이후 집안의 사실상 장녀로 지냈다. 맹현리보다 16살 위 큰누나였다.

그레이스 양은 1905년 남동생들이 매컬리 남학교를 설립하자 이듬해 1906년 친구들과 함께 여학생을 위한 학교 Girls Preparatory School을 세웠다. 평생을 독신으로 지내며 1918년 53세에 사망하였을 때, 그의 가족들이 목포에 그녀의 이름으로 헌금을 보내 학교를 짓게 하였다. 아마도 그녀가 죽기 전 형제들에게 자신의 유산을 남동생 맹현리가 사역하는 목포의 여학교를 위해 쓰도록 부탁했으리라.

엄밀하게 따지자면 목포여학교는 매컬리기념여학교라 하였

으니 이에 상응하는 채터누가의 학교는 남학생을 위한 매컬리 학교가 아니라 여학생을 위한 학교(GPS)가 더 정확할 듯하다. 상당 기간 목포의 여학생들을 위해 사용된 매컬리 건물은 1970년 즈음 새롭게 교사 신, 증축하면서 사라져 버렸다. 매컬리 집안의 후원은 물론 미국 교회와 선교사들의 헌신으로 이어온 목포 여학교는 정명여학교로 이름을 바꿔 지속 발전하여 왔다.

아들로는 9번째였던 헨리 더글러스 매컬리(맹현리)는 1908년 선교지 목포에서 에밀리 코델과 결혼하였다. 선교사로는 후배였으나 신부는 36살, 신랑 맹현리보다 8살 연상이었다. 그들은 1911년 딸을 낳았는데, 이후 자녀는 얻지 못했다. 무남독녀 외동딸 엘리스 코델은 자라서 결혼을 두 번이나 했는데도 자녀를 낳지 못했다. 안타깝게도 맹현리의 직계 후손은 없는 셈이다.

토마스 목사와 엘렌 사모. 16명의 자녀를 낳은 것만큼이나 슬픔과 고통의 시간이 참 많았으리라. 죽어 나가는 여러 자녀의 장례를 치르면서도 살아 나름 성장하며 자라가는 다른 자녀들을 양육하고 지켜보며 가정 사역과 함께 목회와 교육, 선교 운동에 헌신하였던 그들이다. 출산율의 퇴보로 미래 사회 존립 자체가 위협받는 오늘의 대한민국 현실 속에서 여러 자녀를 낳아 기르며 충성했던 복된 자, 맹현리 부모와 그 자녀들의 복된 삶을 그려본다.

03

호남 선교의 플랫폼

목회자 아이로 태어난 맹현리. 위로 많은 누나 형들 틈에서 참으로 복되게 자랐다. 자라면서 그의 뒤를 이어 태어난 또 많은 동생들과 함께 유년기, 청소년기를 채터누가에서 보냈다.
1세기도 넘는 세월이 흘렀지만, 지금도 여전히 그의 친, 인척 대부분은 채터누가에서 사는 것으로 보인다. 또 많은 친, 인척들의 묘가 채터누가에 있다.
맹현리는 테네시주의 명문 사립학교 베일러스쿨을 통해 중고등 교육을 받았다. 1893년 그가 12살 때 이 학교가 설립되었으니, 아마도 갓 개교한 학교에서 6-12학년 과정을 마친 듯 하다. 중등교육을 마친 후, 그는 버지니아대학교에 입학하여 1904년 문학사 졸업하였다. 이어서 1904~1907년까지 유니언 신학교와 프린스턴신학교를 연이어 다니며 목회자로서의 학문과 소양을 쌓았다.

미 남장로교 신학교

1892년 조선에 온 7인의 선발대로 시작해서 1980년대까지 호남과 대전에서 수고하며 충성한 미 남장로교 선교사는 모두 450여 명이다. 대부분은 고등교육을 이수한 지식인들로 목사, 의사, 교육자, 혹은 전문 기술자들이었다.

목사로서 선교에 헌신한 이들은 미남장로교 산하의 버지니아 유니언신학교, 조지아 콜롬비아신학교, 켄터키 루이빌신학교 뿐만 아니라 북부 지역인 뉴저지 프린스턴신학교 출신들도 많았다. 이들 신학교 출신들은 목사가 되고 또 상당수는 선교사로서 우리나라를 비롯해 미남장로교 해외선교회가 펼치는 여러나라들, 중국, 일본, 이탈리아, 브라질, 콜롬비아, 멕시코, 콩고, 그리스, 쿠바 등지에 파송되어 사역하였다.

조지아 디케이터에 있는 콜롬비아신학교 출신으로는 윌리엄 린튼과 두 아들 휴 린튼, 드와잇 린튼 등 세 부자와 섬머빌과 더럼 선교사 등이 있다. 켄터키 루이빌에 있었던 루이빌신학교 출신으로는 유진 벨, 해리슨, 윌리엄 불, 코잇, 뉴랜드 등이 있다. 비교적 미국 북부에 위치하며 남장로교 신학교보다는 훨씬 개방적이고 진보적이었던 프린스턴 출신으로는 톰슨 브라운, 존 탤미지 등이 있다.

맹현리는 부친과 장형처럼 목회자의 꿈을 지니고 프린스턴을 거쳐 유니언신학교에 입학하였다. 유니언신학교(Union Presbyterian Seminary)는 1812년 설립되었다. 처음에는 햄든 시드니대학교의 신학부로 시작하였는데, 1898년에 리치몬드로 교정을 옮겨 독자적인 신학교가 되었다. 현재는 리치몬드에 메인 캠퍼스가 있고, 버지니아 주 샬롯에는 분교가 있다. 두 캠퍼스에 약 300 여명의 학생이 있다.

선교와 목회의 플랫폼

유니언신학교는 숱한 졸업생 목회자를 통해 미국 내는 물론 세계 여러 나라에 칼빈주의적 개혁교회를 세우는 밑거름이 되었다. 130여 년에 이르는 호남의 기독 교회 역시 이들을 비롯한 미남장로교 선교사들의 절대적인 신학과 목회 영향하에 시작되고 성장 발전하여 왔다.

한국 전라도에 온 선교사 가운데 신학교 출신자로는 유니언 출신들이 가장 많다. 7인의 선발 대원이었던 전킨과 레이놀즈를 비롯해서 오웬, 프레스턴, 로빈슨, 헌틀리 등이 그들이다.

첫 선발 주자로서 레이놀즈(Reynolds, William Davis jr, 이눌서, 1867~1951)는 특별히 한국 교회에 끼친 영향력이 지대하다. 우리말 성경번역을 해냈고, 평양신학교 조직신학 교수로서 한국장로교 신학의 뼈대를 형성한 이가 레이놀즈 선교사다. 그를 중심으로 언더우드, 게일 등이 함께한 조선성경번역위원회는 1910년 신구약 번역을 완성, 이듬해 1911년 '셩경젼셔'를 처음 발행하였다. 그리고 이후 여러 버전의 성경들이 출판되었고, 1930년에는 '관쥬셩경젼셔'를 발행하였다.

성경 번역과 출판에 전적으로 헌신하였던 레이놀즈는 이 관주성경 책을 자신의 모교인 유니언신학교에 기증하여 명예박사 학위를 취득하였다.

필자가 지난 2021년 11월, 이 학교 도서관을 찾아 이 책을 찾아보았을 때 얼마나 기쁘고 감사했는지 모른다. 그동안 이 책을 찾는 이가 거의 없을 정도였는지, 사서들이 이 성경을 검색하고 찾는 데 상당히 어려웠다. 나는 이 책이 분명히 이 학교 도서관에 있는 것으로 정보를 갖고 여기까지 찾았던 건데, 쉽게 검색부터 되지 않았다.

책의 존재 여부가 불확실한 상황에서 무턱대고 사서들에게 책을 찾아내라고(?) 고집부릴 수는 없었다. 허탈하게 돌아서 가려는 데 주차장까지 허겁지겁 뒤쫓아와 이 성경책을 찾았다며 내게 보여주었을 때 사서들과 함께 느꼈던 벅찬 감격은 참으로 잊을 수 없다.

한국 교회와 신자들이 사랑하고 나 역시 어릴 때부터 인생 내내 놓치지 않고 가장 가까이하며 함께해 온 성경책, 그 번역자가 인생을 걸고 만들며 자신의 모교에 서명하여 남겨놓은 초기 번역성경의 귀한 보물을 만지고 펼쳐들 때 실로 그 은혜와 감사가 얼마나 컸는 지 모른다. 레이놀즈와 수많은 선교사를 보내 준 유니언신학교에서의 감동과 감사는 한국과 호남의 교회가 함께 오래도록 기억해야 할 일이다.

유니언 출신의 한국인 지도자

유니언신학교는 많은 목회자를 양성하고 한국 등 선교지에도 많이 파송하였다. 그리고 그에 그치지 않고 선교 현지의 청년들을 불러들여 가르치고 제 나라로 되돌려 파송도 하였는데, 한국 출신의 남궁혁도 대표적인 일꾼이었다.

목포에서 세관원으로 일하던 남궁혁(1882~1950 납북)은 목포에서 사역하던 선교사의 전도를 통해 기독교에 입문하였다.

프레스턴의 지도를 따라 목포 영흥학교와 광주 숭일학교에서 영어 교사를 하며 신앙을 쌓던 그는 목회자에 대한 소명을 안고 평양신학교 과정을 밟았다. 그의 영특함과 깊은 영성은 미남장로회에 인정받게 되고 그는 장학생으로 미국 유학의 기회를 갖게 된다.

평양신학교를 마친 남궁혁은 미국 프린스턴에서 석사 과정을 하고, 유니언신학교로 옮겨 박사 과정을 거쳐 1929년 학위 취득하였다. 한국인으로는 최초의 신학박사(신약학)였다. 당연히 평양신학교 교수로서 일했으니, 역시 한국인 최초 신학교 교수였다.

남궁혁 박사가 터놓은 길을 한국의 우수한 신학도들이 재차 유니언을 찾아 수학하였고, 목회자로 신학자로 한국교회와 신학 발전에 크게 기여하였다. 여타 신학교와 함께 리치몬드의 유니언신학교는 한국 기독 교회 발전에 지대한 공헌을 한 셈이다.

맹현리 선교사는 유니언과 프린스턴신학교 두 곳에서 신학 공부와 목회 훈련을 하였다. 미 장로교 신학을 대표하는 두 신학교의 과정을 마친 맹현리는 미남장로교 해외선교부에 지원하였다.

1907년 3월 12일 선교사 임명을 받았고, 7월에는 테네시에 있는 미남장로회 녹스빌노회에서 목사 안수를 받았다. 그리고 곧 한국을 향해 태평양을 건넜다.

04

태평양 너머 생명 전하러

맹현리 선교사는 1907년 9월 26세에 내한하였다. 미남장로교 해외선교회는 그 해에 가장 많은 선교사를 한국 전라도에 파송하였다. 1902년 가을 7명이나 처음 파송하였지만 사실 그 이후 보충 병력은 좀 미진하였다. 선발대를 7명씩이나 보낸 것에 비하면 그 이후는 연 한 명 혹은 두 명이거나 아예 파송하지 못했던 해도 많았던 터였다.

그러던 차에 첫 시작한 지 15년이 지난 1907년에는 무려 11명이나 내한하였다. 2월 랭킨(Nellie Rankin, 나희은, 전주 교육),

1907년 선교사로 출발하기 전 부모 형제들과 함께한 사진. 왼쪽 위 맹현리

3월 니스벳(Nisbet, 유서백, 목포 전도와 교육) 부부, 그리고 9월 낙스(R. Knox, 노라복, 목포와 광주 전도) 부부, 쥴리아(Julia Dysart, 유진 벨 세 번째 아내), 그래함(Ella Graham, 엄언라, 광주 교육), 베시 낙스(Bessie Knox, 간호사, 윌슨 부인), 피셔(Eunice Fisher, 군산의 얼(Earle)목사 부인), 코델(Emily Cordell)과 맹현리였다. 그리고 이듬해 1908년 봄에는 두 명의 의사 윌슨(Wilson)과 버드맨(Birdman)이 내한하였다. 상당한 보충대 병력 투입은 호남 5개 선교부의 부족한 인력 상황에 큰 원군이 되었다. 무엇보다 목포 선교부에 큰 힘이 되었다. 사실상 폐지 상태에 놓여 있었던 목포 선교부가 이들 중 대다수가 목포에 충원되면서 목포 선교는 다시 활기를 되찾았다.

1898년 시작한 목포 선교

목포 선교는 맹현리가 조선에 오기 10여 년 전인 1898년 유진 벨에 의해 시작되었다. 목포 기독교는 우리말 이름 배유지라고 부르는 유진 벨이 개척자다. 맹현리의 고향 테네시주의 바로 위에 인접한 켄터키주 출신인 유진 벨은 루이빌신학교를 졸업하고 목사로서 아내 샬롯과 함께 1895년 내한하였다. 미 남장로교 내한 선교사로는 10번째로 한국에 온 선교사였다. 3년 전 먼저 와서 사역하던 선배들이 그동안 서울에서 언어훈련과 지역 적응 훈련을 마치고 본격적으로 전주와 군산에서부터 호남 사역을 전개하던 시점이었다.

선교회는 후배 유진 벨이 도착함에 따라 미뤄뒀던 전남 지역으로의 선교 확장을 계획하고 그 책임을 그에게 맡겼다. 유진 벨도 처음에는 서울에 베이스캠프를 차리고 한국 적응과 전남 일대에 대한 정탐 활동 등 준비 기간을 거쳐 1897년 나주 선교부터 펼치기 시작하였다.

그러나 나주는 지역 유생과 주민들의 거센 반발에 부딪혀 번번이 실패로 돌아갔다. 봄부터 가을까지 조사 변창연과 함께 서너 차례 나주를 찾아 일을 벌이려 하였으나 결국 제대로 뿌리를 내리지 못하였다. 그즈음 기다리던 목포 개항이 열리게 되어 계획을 변경할 수 있었다.

1897년 10월 군산에서 열린 선교연례회의에서 나주 대신 목포 선교부 설치를 정하였다. 유진 벨은 11월 목포 정탐 이후 이듬해 1898년부터 본격적으로 목포 선교에 박차를 가했다.

서울 집에서 겨울 추위를 난 후 3월부터 다시 목포를 찾아 새롭게 시작한 목포에서의 준비는 순항을 탔다. 임시 초가집을 얻어 예배할 수 있는 공간과 자신의 사택을 정비하였다. 그리고 마침내 5월 15일 몇 사람과 함께 예배를 드리므로 목포교회를 설립하였다.

그해 11월에 부임한 오웬 의사, 1899년에 온 스트래퍼 양과 함께 초기 미션 팀을 이뤄 교회는 물론 진료소 사역과 학교를 설립하며 교육 사역까지 지경을 넓힐 수 있었다. 그렇게 열심을 내며 목포 선교에 박차를 가하는데 그만 아내 로티 벨이 뜻밖의 심장병으로 1901년 4월 사망하고 말았다.

선교사 유진 벨로서는 상심이 너무 컸고 선교 의기가 많이 꺾일 수 밖에 없었다. 엄마 잃은 두 자녀를 데리고 미국으로 돌아 갔는데, 시간이 지날수록 하나님 은혜가 더하여 회복과 재기 의욕이 일었다. 선교지 목포교회와 유달산, 그리고 목포 사람들이 눈에 선했다. 그는 용기를 내어 다시 1902년 12월 목포를 찾았고, 후임 프레스턴과 놀란 의사 등이 합류하여 재차 선교에 열심을 내었다.

목포교회 성도들과 전도자들의 열심이 더하여 전남 북부 지역에 기독교 공동체가 많아지고 광주가 커짐에 따라 이곳에도 선교부 개설이 절실해졌다. 광주 인근의 영광 지역에서의 기독교에 대한 박해 사건은 선교사들이 이 지역 가까운 곳에 있어야 함을 인식하게 하였고, 전남 북부 지방의 선교 비전에 따라 결국 1904년 연말 오웬과 함께 광주로 이전하여 새로운 선교부를 열었다.

그 대신에 목포는 프레스턴에게 맡겨졌다. 그러나 광주 사역이 의외로 크게 확장되고 사역이 늘어나면서 광주의 인력 보충이 더 필요했다. 목포는 기왕에 목포교회와 성도들이 이미 성장하며 크게 자라있던 터였다.

선교부는 프레스턴마저 1905년 광주 스테이션으로 불러들였다. 그렇다고 아예 목포교회와 선교 사역을 전혀 배제하거나 손 놓아 버린 것은 아니었다. 비록 광주에 있었지만 프레스턴 선교사는 자주 목포교회를 찾아와서 임성옥 유내춘 등 한국인들이 스스로 운영하며 발전하는 교회와 학교 사역 등을 지도하며 배후의 역할을 나름 하였다.

목포 사역은 프레스턴 씨의 지도하에 이루어졌다. 그는 이전처럼 그의 복음 전도 조력자인 임성옥 장로의 도움을 받았다. 교회들은 그 지역에 두 전도자를 유지했으며, 그들은 훌륭하게 일을 해냈다. 지역 사역이 주는 압력으로 인해 프레스턴 씨는 4월 1일까지 단지 2주간만을 시골에서 보낼 수 있었다. 그리고 결과들은 의심할 나위 없이 축소되었지만, 지난해 전체적으로 그 사역은 만족할만한 진전을 보여준다.

통틀어 서른한 곳의 모임 장소들이 있다. 그 가운데 스물두 곳이 잘 체계가 잡힌 모임들인데, 그러나 이 가운데 단지 두 곳만이 깨끗한 예배 처소를 가지고 있다. 성찬에 참여하는 교인들의 수는 446명에 이르고 있고, 이 가운데 163명이 올해 세례를 받았다. 그리고 헌금 총액은 2,347.16엔(1173.58달러)였다. 총 736명이 학습문답과 세례문답에 임했다.

단지 한 사람이 선교 기금으로 고용되었지만, 개인적인 동역자들에 의한 능동적인 전도사역이 수행되었고, 특히 그 영향력이 전체 순회 여행을 통해 느껴졌던 지역 교회에 의해서 수행되었다. 이 교회는 지금 130명의 세례교인 수를 헤아리고 있고, 여러 명목으로 1,200엔(600.00달러) 이상의 돈을 지출했다. 교회 예배와 주일학교 출석률이 높다. 동역자들이 4개의 성경반을 가르쳐왔고, 그밖에 프레스턴씨가 주일학교 교사들을 위해 한 개 반과 한 개의 성서반을 가르쳤다.
1월에 국내 선교부들의 전도자인 제주의 이기풍 목사가 인도한 한 주간에 걸친 전도 예배는 그 지역 교회에 새로운 기운을 불어넣었다. 훈련반이 광주와 연합하여 실시되었는데, 총 참석자의 거의 3분의 1이 이 지역의 출신이었다 (1908년 제17차 선교연례회의 보고서).

목포 스테이션 재개

선교부 공백기인 1905~1907년 2년여 시간 동안에도 목포교회는 지속적인 발전과 인근 농어촌 지역까지 교회 처소를 확장하며 전도와 선교가 활성화 되어 있었다. 임성옥 장로 등 목포 교인들의 열심과 헌신은 가히 놀라울 정도였다. 이를 지도하며 종종 찾아오던 프레스턴은 언제든지 다시 목포 선교부를 열어야겠다고 기대하며 기다리던 터였다.
1907년 많은 후배가 호남을 찾아오게 되자 이를 매우 반기며 그 중 상당수를 목포에 보내어 목포 선교부를 다시 열게 된 것이다. 낙스 목사 부부, 매컬리 목사. 코델과 베시 낙스 양, 그리고 버드맨 의사까지 그들을 미남장로교 선교회는 목포 지부로 보냈다. 이전부터 목포교회를 관리하던 프레스턴 목사 부부를 책임자로 목포 선교부를 재개한 것이다. 니스벳 목사는 처음에는 전주로 파송되었으나, 이내 그들 역시 목포에 합류하였다.

올해 목포의 상황은 매우 많은 새로운 일군들이 참여하였다는 점에서 특이할 만하다. 사실 이 점에 있어서 초기 선교사들의 개척 경험들과 다르지 않다.
그러나 올해를 돌이켜 보면, 그렇게 작은 양의 고통 속에서 그토록 다양한 인도하심과 축복을 허락하신 하나님께 오직 감사할 뿐이다. 우리의 사랑하는 버드만 의사는 그의 지부로 여행하는 도중 고베(Kobe)에서 수 주일 동안 몹시 아팠다.
하나님께서 은혜롭게도 그를 일으키셨고 그는 적절한 시기에 도착하여 위독한 상태에 있던 녹스(Mrs. knox)여사를 돌볼 수 있었다. 그들에게 건강과 힘을 주시고 그들을 일으키셔서 더 오랫동안 한국에서 유익하게 하신 하나님께 감사한다. (프레스턴, 1908년 제17차 연례회의 보고서).

선교사는 현지에 도착하면 무엇보다 그곳의 언어를 배우고 기후와 사회 문화 환경 등을 속히 익히며 적응해야 했다.
누구나 외국의 언어를 배우고 문화를 이해하는 것은 어렵듯이 고등교육을 받은 선교사들도 한국어를 입에 달고 한국의 음식과 의복, 관습과 문화를 받아들이는 것은 상당한 고충이었다.

유달산에서 부르는 하늘 노래

맹현리 등 여러 신참 선교사들이 신속하게 목포에 다시 배정되었지만, 처음부터 열성적으로 사역을 전개하기란 어려움이 컸다. 선배 프레스턴이 있다 하여도 이제 갓 부임한 젊은이들로서는 의욕만큼이나 실제적 여건이 잘 따라주지 못했다. 괴물같은 한국어 익히기, 전혀 다른 음식은 물론 매우 비위생적인 환경, 각종 해충 벌레들에 둘러싸여 하루가 시작되고 하루가 지나갔다. 인내와 연단, 시련의 연속이었다.

떠나온 고향, 미국의 산천과 부모 형제가 항상 눈에 밟히고 그리움에 선교적 동기와 열정마저 때론 흔들릴 수 있었으리라. 맹현리 선교사라고 다를 수 있었으랴. 엘리야도 성정이 우리와 같은 인간이듯이 미국에서 고등교육을 받고 훈련받은 청년 선교사들도 인간적 고충과 향수, 크고 깊었을 테다.

그 모든 것을 덮는 하늘의 위로와 하늘 부르심의 열정이 맹현리를 붙들어 매었을 터이다. 그저 맡긴 자에게 요구되는 충성 굳게 붙들고 유달산 아래 하늘 노래를 펼쳐 보이기로 맹현리는 다짐하고 다짐하였다.

05

연상의 여인

맹현리 선교사가 내한한 1907년, 한국 교회는 놀라울 만큼 부흥과 성장의 은혜를 입고 있었다. 가히 괄목상대한 폭발이었다. 1월 평양 장대현교회에서 벌어진 길선주 목사의 회개는 큰 기폭제였다. 신자들의 회개 운동과 회심이 연이어져 믿는 자가 그 어느 때보다 급속히 늘어났다. 한국에 선교가 시작된 지 20여 년이 흐른 즈음이었다.

평양에서 폭발이 일었지만, 조금 앞서 원산의 성경 공부로부터 시작이 되었다. 1903년 한국 신자들을 지도하던 하디 선교사로부터 비롯되었다. 성경을 읽고 가르치던 중 오히려 자신부터 각성해야 함을 깨달은 하디의 회개로부터 모여든 성도들의 회개가 이어졌고, 이는 다른 지역의 교회 공동체까지 확산하였다. 하디와 동료 미 감리교 선교사 저다인이 벌인 원산에서의 회개와 말씀 운동이 한국 교회 초기 부흥의 촉매가 되었던 것이다.

이 1907년 평양 부흥 운동의 또 다른 씨앗은 목포였다. 한 해 전인 1906년 프레스턴 선교사는 저다인 선교사를 목포로 초청하여 부흥회를 열었다. 일주일간 열린 집회에서 저다인 목사는 매일 두 번에 걸친 설교를 하였다. 순전하고 성령 충만했던 저다인의 메시지는 참가한 성도들의 심령에 하늘의 폭포수가 되었다. 회중들은 벅찬 은혜에 젖어 회개와 통성기도로 매일 매일 벌어지는 하늘 잔치에 함께 하였다.

목포뿐만 아니라 목포 인근의 농어촌 지역에까지 이 은혜가 뻗어가고 흘러갔다. 프레스턴 목사는 이 놀라운 기적과 은혜를 주목할 만한 집회라며 특별히 보고하였다. 집회를 계기로 목포교회는 성도들이 이전보다 더 불어났다. 매주 늘어나는 새 신자들로 예배당은 이미 차고 넘쳤다. 더 크고 넓은 공간이 필요해졌다.

프레스턴 선교사가 광주에서 종종 다녀갔을 뿐, 붙박이 담임목사가 없는 목포교회의 상황이었다. 목자 없이 평신도끼리만으로도 성장과 부흥이 커지는 목포교회를 제대로 돌보고 살펴야 했다. 그때 마침 맹현리 등 여러 선교사가 내한하였기에 광주 선교부 유진 벨은 프레스턴과 맹현리 등 여러 선교사를 목포로 보내 목포 선교부를 재개하고 사역을 예전 이상으로 더 활성화했다.

사역지에 도착하여 일을 시작하려는 청년 맹현리 선교사로선 대단한 흥분과 기대가 겹쳤다. 짧은 역사 속에서도 힘차게 성장하는 목포 기독교, 선배들이 이뤄놓은 씨앗이 성공적으로 싹이 트고 이미 크게 자라가는 목포에 자신은 이제 더더욱 선하고 큰 열매를 맺도록 최선의 충성을 불살라야 했다. 그의 각오 남달랐으리라. 미국에서 선교지로 가겠다고 태평양을 달려 건너오던 그 용기와 질주로 현지에서 느끼며 새롭게 하는 헌신과 결단이 아름다웠다.

하늘이 준 선물

1909년 12월 29일 맹현리는 평생의 동반자를 얻어 결혼하였다. 신부는 8살이나 연상이었다.

36살, 신부의 나이가 예사롭지 않게 많았다. 그때만 해도 미국 여성들은 결혼하기가 쉽지 않았다. 적령기는 고사하고 아예 결혼하기 어려운 환경이었다. 상대적으로 남자가 부족했던 탓이다.

1861년부터 5년여 치러진 남북전쟁은 숱한 사망자 부상자를 낳았다. 대부분 젊은 남자들이었다. 결혼 적령기의 남자가 상대적으로 부족하다 보니 많은 여성이 짝을 얻지 못해 평생을 독신으로 지내야 했다. 나이들어 나이 차가 많은 남자를 얻어 늦게나마 결혼하는 경우도 많았다. 맹현리도 남매 중 두 명이나 평생 미혼으로 지내야 했고, 겨우 한 자매만이 결혼, 가정을 가졌을 뿐이었다.

미 국내뿐만 아니라 선교지의 여성들도 크게 다르지 않았다. 결혼과 무관하게 평생 하나님께만 헌신하기로 독신을 결단하며 사역에 임한 여성 선교사도 많았지만, 결혼하고 싶어도 못한 경우도 있었을 것이고, 또 적지 않게 연하의 남성과 결혼한 경우도 있으니 말이다.

에밀리 선교사 경우처럼 8살 연하의 총각을 맞아 혼인한 여자 선교사는 또 있었다. 1888년 내한 선교한 릴리어스 호턴(Lillias Horton)은 1년 후 언더우드 선교사와 결혼하였다. 신부는 38세, 신랑은 30세였다. 이보다는 좀 작은 차이지만, 미남장로교 안에서도 리니 데이비스는 36세 되던 해에 4살 연하의 해리슨과 가정을 이룰 수 있었다.

목포로 옮긴 지 얼마 지나지 않아 그녀는 수개월 동안 열렬한 구혼자였던 매컬리 씨와 약혼했습니다. 두 사람은 결혼했고, 그녀는 정규 의료 업무에서 손을 뗐지만 도움이 필요한 사람들이 육체적, 정신적으로 맑은 삶을 살 수 있도록 자신의 지식과 기술을 여러 방면에서 계속 활용했습니다.

그녀는 말이 적고 상당히 내성적인 여성이었습니다. 그러나 그녀는 명확한 판단력과 예리한 양심을 가지고 있었으며 필요할 때는 목소리 내는 것을 두려워하지 않았습니다.

저는 그녀를 가장 진실한 친구 중 한 명으로 꼽습니다. 이 우정이 시험대에 오를 때가 많았지만 그녀는 항상 크리스천 친구로서 진실한 모습을 보여주었습니다(니스벳, 프레스바이테리언서베이, 1931년).

에밀리 코델(Emily Cordell, 맹부인, 1873~1931)은 미주리주 마샬(Marshall)에서 1873년 10월 14일 태어났다. 아버지는 존 코델(John Hardeman Cordell, 1842~1909), 어머니는 엘리스 몬타규(Alice Ann Montague, 1842~1922)다.

남편 맹현리처럼 아내 에밀리 양도 다둥이 가족에서 자랐다. 8 남매 중 3째 딸로 태어났던 에밀리다. 에밀리 양은 미주리 샬레이대학(Salley College)을 졸업하고 캔자스시티의 스카릿 성경훈련학교(Scarritt Bible and Training School)를 마쳤다.

스카릿 학교는 1892년 개교하여 성경을 중심으로 해외선교, 간호학, 사회복지 등 실질적인 교육을 행한 남감리교 여성대학이었다. 코델은 이곳에서 간호학을 배웠다. 조세핀 하운젤 선교사가 같은 동문이었다. 조세핀(Josephine C. Hounshell)은 1902년에 이 학교를 졸업하고 한국에 파송되어 서울과 원산에서 교육 선교하였다. 1908년 안식년에 매쿠첸(McCutchen, 마로덕)을 만나 미국에서 결혼하여 남장로교 선교사로 전주에서 활동하였고, 한예정학교의 제2대 교장으로 1925-1939년까지 복무하였다.

스카릿 여학교는 1924년 테네시주 내슈빌로 이전하였는데, 김대중 대통령의 부인 이희호 여사가 이 학교 대학원 과정을 1956~1958년까지 수학하고 사회학 석사학위를 취득하기도 했다. 오래전에 재정 사정이 좋지 못하여 학교는 1988년 문을 닫았다.

뭐든 지 주께서 원하시면

에밀리 코델은 1906년 12월 11일 미 남장로회 해외선교부에 선교사 지원하였고, 석 달 후 1907년 2월 12일 공식 임명되었다. 그리고 그해 가을 9월에 내한하였다. 맹현리를 포함하여 다수가 태평양을 건너 조선을 향할 때 함께 하였던 것이다.

내한 첫해는 전주 선교부에 배정되었다. 한국어 훈련과 함께 전주 기독병원에서 간호사로 사역을 시작하였다. 전주 병원의 의사로는 1898년부터 설립하여 시작한 잉골드 선교사가 있었다. 전주에서 사역한 지 2년여 지난 즈음, 맹현리 선교사와 결혼하여 가정을 이루자, 그녀는 목포 선교부로 옮겨 여성과 어린이 사역, 그리고 맹현리를 도와 섬 전도 사역에 헌신하였다.

에밀리 코델과 딸 앨리스 코델

섬마을에 맹현리 전도팀이 도착할 때마다 가장 환영받는 이는 에밀리 코델이었다. 영적 구원보다는 육체적 구원이 당장 급한 환자 주민들은 목사보다는 간호사가 더 가까운 법이다.

전주에서도 간호 기술을 활용하여 환자들 치료에 성과가 컸던 에밀리였다. 에밀리 선교사는 섬에 도착하자마자 임시 진료소를 차리고 조사들의 도움을 얻어 몰려드는 환자들 치료하고 주민들에게 약을 주며 그들의 육체적 고통을 덜어 주었다.

결혼한 이듬해 1910년 여름에도 한 달여 섬 전도 여행을 하였다. 이동안 17차례 진료소를 열고 380여 명의 환자를 치료하였다. 에밀리의 헌신적인 치료로 육신의 아픔을 덜게 된 이들이 기쁨과 함께 마음을 열면 맹현리 선교사가 전해주는 복음의 메시지가 귀에 닿고 그들의 가슴을 울려 신자가 생기고 교회가 세워졌다. 에밀리는 치료 사역과 함께 마을의 여성과 아이들을 대상으로 노래도 가르치고 성경 이야기를 해 주기도 하였다.

에밀리는 여러 분야에 걸쳐 다양한 사역을 펼쳤다. 그 자신 가정을 돌보는 아내로서 역할도 해야 했고, 남편을 도와 장기간 배를 타고 이 섬 저 섬 다니며 전도와 치료사역을 해야 했으며, 목포 정명학교의 기숙사 사감과 교사로, 프렌치병원에서 간호사로, 그리고 목포교회에서도 여성반과 주일학교 아동들 교육까지 참으로 다방면의 왕성한 사역을 펼쳐야 했다.

주의 사역에 헌신하는 일꾼으로 이거저거 가려 가면서, 저울

질해 가면서 선택적으로 일하기도 하고 안하기도 하고 그럴 수 있나. 맡은 자의 구할 것은 오직 충성이라 하였는데, 자신의 필요가 있는 공간과 사역이라면 물불 안 가리고 열심과 정성을 다하는 게 착한 사역자의 본분이렸다. 그렇게 코델도 만 20여 년을 목포를 중심으로 선교 사역하였다.

목포 선교부의 활기

목포 선교부 새로 시작하던 미혼 남녀가 짝을 이뤄 가정을 이뤄 경사스런 일이 벌어지는 가운데, 목포교회와 선교 사역도 훨씬 활기를 띠고 성장에 성장을 거듭하였다. 1910년 봄이 되자 늘어난 성도들로 목포교회는 새 예배당 기공식을 갖고 성전 건축에 힘을 기울였다. 모든 선교사들이 자기 맡은 구역에서 전도와 여러 사역들을 동시에 힘있게 감당하였음은 물론이다.

(1910년) 4월에 목포에 새로운 예배당을 짓는 공사가 시작되었다. 현지에서 조달한 석재로 짓고 기와로 지붕을 얹는다. 60x65피트(약 18x20m) 크기의 건물이다. 해리슨 선교사는 전주와 광주 선교부의 리더들과 함께 남쪽으로 순천까지 긴 여행을 했다. 순천은 새 선교부가 들어설 자리로 정해졌다.

또 다른 여행 기간 동안 17명이 세례를 받았고 49명이 학습교인으로 받아들여졌다. 그리고 해리슨의 조사는 두 그룹으로 나누어 67명을 학습교인으로 받아들이면서 심사를 계속했다. 그는 시골 지역의 사역을 잘 정리해서 총괄적으로 보고한다.

4월에 낙스 선교사는 시골 지역으로 10일간 다녀왔고, 그곳에서 34명의 학습문답 교인을 받아들인 고무적인 사역을 보고했다. 낙스 부인 선교사는 여성들 가운데서 일을 맡아 할 수 있어 모두 기뻐했다. 포사이드 박사는 마침내 시설 좋은 새 진료소에서 일하게 되었다.

대형 치료소들을 보고하고, 대규모 의료 보조 인력을 교육하고 있다. 포사이드는 최근 프레스턴 선교사와 함께 제주도로 떠나 그곳에서 일일 진료소를 열고, 400명이 넘는 환자를 진찰했다. 그는 조수 몇몇을 그곳에 남겨두고 돌아왔고 그곳에서 의료사역이 아직도 계속되고 있다. 그 한국인들이 전하는 바에 의하면 포사이드 의사는 잠도 안 자고 제대로 먹지도 않고 항상 전도와 기도에 전념한다고 했다.

지역에서 사역하는 맥컬리 부인 선교사는 14군데에서 임시 진료를 열었고 400명이 넘는 환자들을 치료했다. 아기를 제외하고도 거의 1,000명에 달하는 여성들과 아이들이 배를 타고 그녀를 방문했다. 그녀가 어디를 가든지 그곳에서는 유일한 백인이었기 때문에 큰 관심의 대상이 되었다(더 미셔너리, 1910년 11월).

미남장로교 선교회보인 더미셔너리는 당시 목포 선교부의 상황을 전한다. 이때는 프레스턴 선교사는 다시 광주로 올라가 미래의 새 선교부 순천 선교부 개척에 힘쓰고 있었고, 대신 전주에 있던 해리슨이 목포 선교부로 부임하여 목포교회를 담임하며 선교부 리더 역할을 하게 되었다. 의사로는 버드먼 선교사가 사임하며 목포를 떠났고, 대신 포사이드 의사가 부임하여 목포병원을 책임졌다.

니스벳 목사 부부는 지역 전도와 학교 사역을, 그리고 맹현리 목사 부부와 녹스 목사 부부는 지역 전도 사역에 힘을 기울였다. 새롭게 충원된 배너블과 쥴리아 마틴 선교사는 교육과 지역 전도에 각각 힘을 기울였다.

목포 선교부의 새로운 중흥을 이뤘던 때다.

06

섬 사역에 전념하다

한국 기독교는 섬에서부터 시작되었다. 1894년 알렌, 혹은 1895년 입국한 아펜젤러와 언더우드로부터 한국 기독교 역사의 기점을 고려하나, 그보다 이른 1866년의 토마스 선교사 순직 사건과 이보다 더 앞선 1832년 선교도 제외해선 안 된다. 독일 출신의 칼 귀츨라프(Karl Friedrich August Gutzlaff, 1803~1851)는 네덜란드 선교회 소속 동아시아 선교사다. 중국과 태국을 중심으로 사역하던 중 1832년 한반도에까지 찾아왔다. 7월에 황해도 장산곶을 거쳐 충남 홍주 고대도에 도착하였다. 섬 주민들에게 중국 한문 성경과 전도 문서 및 약품을 전해주었다. 특별히 감자와 포도 재배법을 전수해 주기도 하며 주기도문을 한글로 번역하여 가르쳐 주기도 하였다. 한 달여 머문 그의 사역과 행적을 귀히 여겨 기독교 역사 속에 넣고 한국 최초 기독교 사역으로 보아야 한다.

섬과 섬사람의 터미널 목포

대한민국에 있는 섬은 사람이 사는 5백여 개를 포함하여 모두 3천여 개가 넘는다. 한 조사에 의하면 이 가운데 신안군이 829개로 가장 많고, 여수시 316개, 진도군 230개, 완도군 201개 등으로 한반도 섬의 대다수가 전라남도에 있다. 섬의 크기로는 제주도와 거제도 이어 전남 진도가 세 번째이다.

숫자로나 전체 면적으로나 전남의 섬은 압도적이다. 그리고 그 대부분 섬사람이 내륙으로 접근하는 통로는 목포다. 목포항은 언제나 섬사람들로 붐빈다. 섬 주민들의 삶과 일상이 연결되고 매개 되는 터미널은 언제나 목포였고 지금도 그렇다.

목포에서 사역하는 선교사들은 이 점을 처음부터 중요하게 파악하였다. 프레스턴과 해리슨 등을 중심으로 10여 명의 목포 선교사들은 1910년대 전후하여 섬 사역의 긴박성과 중요성을 고민했다. 목포 선교부의 기초요 핵심인 목포교회는 이미 한국인 목회자 윤식명 목사가 중심이 되어 자립 자치의 길을 잡아가고 있었다. 선교사 목사들은 교회의 동사 목사로 2선으로 내려앉으며 그 대신 목포 인근의 농어촌 선교와 복음 전도에 더욱더 힘을 쏟기로 하였다.
그리하여 니스벳 목사와 녹스 목사, 쥴리아 마틴 등은 목포 인근의 내륙 전도에 힘쓰기로 하고 목포 앞바다에 흩어진 숱한 섬 선교는 맹현리 목사로 하여금 담당하도록 하였다.

특별 관심사는 도서 지역 선교를 시작하는 것이었다. 목포는 도서 지역 선교를 오랫동안 자기의 소명으로 생각했던 매컬리 목사의 관심 지역이었다. 그의 선교 현장은 서쪽과 남쪽으로 100마일, 서해까지 150마일로 확대되었으며, 10만명 이상의 인구를 포함하였다.
목포 군도의 헤아릴 수 없이 많은 섬에 사는 사람들은 한국에서 가장 미신적이고 뒤쳐진 사람들이어서 결과적으로 가장 접근하기 어려운 사람들이었다. 1910년에 매컬리는 90개 섬 500개 마을 사람들에게 복음을 전했다. 교회 셋이 세워지고 정규 예배를 드리는 25개 예배처가 만들어졌다고 보고했다(조지 톰슨 브라운, "한국 선교 이야기").

섬 전도 사역의 절대적 특수성은 언제나 바다를 건너야 하는 일이었다. 거대한 태평양을 건너온 선교사들에게, 그에 비해

작다 하여도 목포앞 다도해는 결코 만만찮았다. 시간과 노력을 담아 배를 타고 가고 가야 했다. 그 많은 섬을 돌볼려고 늘 상 바다에 떠 있는 시간이 참으로 길고 지루했다. 제대로 된 동력없이 손으로 노를 저어 가던 시절이었다.
맹현리보다 10여년 앞서 전라북도 군산 일대의 섬 전도에 나선 이가 전킨이었다. 군산의 고군산군도 지역을 전킨과 드루 선교사는 황포돛배를 이용해서 다니며 복음을 전하고 진료 사역을 하였다. 금강을 따라 서천 보령까지 다녔으며, 만경강과 동진강을 타고 전북 내륙 익산과 부안까지 들어갈 때도 이 배를 활용하였다. 차는 고사하고 아직 자전거로 다니지도 못한 때, 가장 적절한 교통 수단은 오직 배일 뿐이었다.

동력달린 배를 타고

전도와 선교 열심 따라 배를 타고 다녔지만, 일군들이 일일이 손으로 노 저어 가는 일은 상당히 고되고 벅찬 일이었다. 쉬지 않고 손을 놀려야 하는 일군들을 항상 다그칠 수도 없는 일이고 그렇다고 먼 바닷길을 노상 바다 위에서 시간을 지체할 수도 없는 상황의 연속이었다.

제 관할 지역의 가장 동쪽은 가장 소외된 곳이지만, 목포에서 150마일 떨어진 그 극단 지점에도 모임이 하나 있고 이번 여름에 돛단배를 타고 그곳에 도착하는 데 19일이 걸렸습니다. 돛단배로는 절대 갈 수 없는 크고 중요한 섬들이 저 먼바다에 몇 개 있습니다. 동서로 2백 마일, 남북으로도 그만큼 뻗어있고 235개의 유인도가 있는 구역을 맡은 제게는 돛단배보다 더 빠르고 확실한 이동 수단이 절실히 필요합니다.
섬들 사이를 오갈 뿐만 아니라 곧 세 개가 될 우리 해안 지부들과 긴밀한 연락을 유지하고 또 강을 거슬러 광주 분기점까지 운행할 수 있는 작은 증기선 하나가 절실합니다.
휘발유 배는 아마 더 저렴하겠지만 더 위험할 것입니다. 지금 석탄을 상당히 싸게 확보할 수 있으니 금화 약 2천 5백 냥짜리 증기선이 더 나을 듯합니다. 이것은 우리 선교부도 승인한 사항이며 의심의 여지 없이 선교사역에도 큰 도움이 될 것입니다.
섬들 사이의 성장은 정말 경이롭고 지금이야말로 지혜롭게 투자하여 하늘에 보물을 쌓을 수 있는 일생일대의 기회입니다(맹현리, 더 미셔너리, 1910년 3월).

맹현리는 증기선이 절실했다. 고향 부모 가족에게 이 상황을 보고하고 도움을 요청했다. 먼 나라 잘 알지도 못하는 오지에서 그것도 낙도를 다니며 선교하는 아들에게 부모는 큰 힘이었고 하늘의 은혜였다. 감사하게도 맹현리는 엔진으로 가는 보트를 얻을 수 있었다. 배에는 늘 아내가 있었고, 한국인 요리사, 어학선생과 조사 등 여러 명으로 구성된 전도팀이 함께 하였다.

맹현리 전도 팀은 섬에 도착하면 마을에 적당한 공간을 얻어 사역 준비를 하였다. 요리사는 팀원들의 식사 준비를 하였고, 조사는 맹현리를 도와 사람을 모으고 전도 설교하기에 적합한 공간을 만들었다. 무엇보다 중요한 것은 맹현리 부인 에밀리 코델 여사가 펼치는 임시 진료소였다.

여름 동안, 장마철이었음에도 매컬리 씨와 나는 섬 사역을 위해 여행했습니다. 약 25일 정도 다녀왔습니다. 매컬리 씨가 교회를 방문하고 심방을 하는 동안 저는 대부분 시간을 배에 남아서 찾아오는 이방인과 기독교인들을 영접하고, 수업을 진행하고, 조사와 함께 그들에게 복음을 전했습니다. 이전 여행에서는 약을 가져가지 않았었는데 이번 여행에서는 간단한 의약품을 준비했습니다.

섬 주민들, 특히 여성들은 목포까지 가는 것이 매우 어렵습니다. 현지 의사들의 치료법은 보통 해롭습니다. 저를 찾아온 사람 중에는 녹슨 침이 무릎 안팎에 열두 군데나 꽂혀서 부작용으로 고통스러워하는 절름발이 소년도 있었습니다. 드레싱을 해야 할 진물이 나는 상처가 많았습니다. 이 끔찍한 치료법들은 주로 상처 부위에 사용되어 상처를 악화시키는 경우가 많습니다. 뜨거운 인두가 자주 사용되는 치료법입니다. 한 여성은 등에 끔찍하게 화상을 입은 채 저를 찾아왔습니다. 치통은 치아 뿌리에 벌레가 있어서 발생한다고 생각하고 그에 따라 치아를 치료합니다.

25일간의 여행 기간에 저는 열일곱 차례 진료소를 운영하며 382명의 환자를 진찰했습니다. 이 사람들에게 흔한 질병은 피부병, 습진, 옻 중독 등입니다. 여성들은 요리할 때 사용하는 아궁이의 연기로 인한 눈의 통증 때문에 큰 고통을 겪습니다. 상처와 궤양, 말라리아, 이가 아픈 환자들을 치료해달라는 요청을 받기도 하는데, 저는 이빨을 뽑는 법도 배웠습니다.

의료 활동을 통해 우리는 다른 방식이었다면 우리에게 매력을 느끼지 못했을 많은 사람에게 다가갑니다. 우리에게 다가오는 사람들의 준비된 태도와 낯선 이방인에게 보이는 그들의 신뢰는 놀라울 정도입니다.

목포로 돌아오는 길에 우리에게 바람과 파도가 있다는 것이 얼마나 중요한 지 알게 되었습니다. 집에서 150마일 정도 거리에서 우리는 배에서 내려 증기선을 타야 했습니다.

다음에 편집장이 한국에 오면 꼭 우리 섬 여정에 동참해야겠습니다 (에밀리 코델, 더 미셔너리, 1910년 11월).

허름하고 옹색하기 그지없었을지라도 마을 주민들이 가장 환영하는 사람은 맹부인이었고 그녀가 펼치는 의료와 전해주는 약이었다. 늘상 아프고 힘들어도 어디서고 제대로 치료 한 번

받아본 적 없는 사람들이 비록 두려운 코쟁이 서양인 앞이었지만, 이내 그들의 자선과 호의에 고마워하며 자신들의 아픔과 환부를 드러내었다.

간호사 맹부인의 진료는 환자와 주민들의 마음을 크게 열었다. 그 기쁨과 감사함으로 내어준 심령 속에 생명의 복음은 진실로 적실하게 찾아 들었고 새 인생의 길을 여는 이들이 늘고 늘었다.

07

대를 이어 충성하는 섬 전도

우리나라 최서남단에 있는 섬, 가거도(可居島). 신안군 흑산면 가거도리. 신안 남쪽에 큰 섬 흑산도를 중심으로 주변에 다물도, 태도, 만재도가 있고 상당히 멀리 더 남쪽으로 떨어져 가거도가 있다. 목포까지 이리저리 섬을 둘러 다니다 보면 뱃길로만 200킬로미터가 넘는다. 내륙 사람의 기준으로 편견을 보이자면, 오지 중의 오지요 낙도 중의 낙도다.

필자는 지금으로부터 40여 년 전 대학 시절인 1984년 여름, 학교 교지 취재차 이 섬까지 찾아간 적이 있다. 그때는 하루에 결코 갈 수 없는 교통 상황이었다. 흑산도까지 한나절 걸려서 갔고 이틀이나 지나서 또다시 배를 타고 또 한나절을, 그렇게 목포에서 3일이나 걸려서 갈 수 있었다.

고등학교 때 그렇게도 유신 정권이 홍보해 대던 '전 국토의 일일 생활화'가 누군가에게는 얼마나 헛된 구호였는 지를 실감하던 시절이었다. 지금은 쾌속선을 타고 몇 시간이면 닿을 수 있으니 참 격세지감이다.

사람이 살 만한 섬이라 하지만, 이렇다 할 평평한 육지는 매우 좁았다. 섬 중턱에 조그마한 학교 분교가 있었는데, 운동장은 이름하기도 부끄러울 정도로 작은 겨우 집 마당 수준이었다. 아이들이 공을 제대로 가지고 놀 형편이 못 되었다. 축구라도 할라치면 언감생심, 이내 공이 가파른 절벽 아래로 굴러떨어질 지경인 곳이다.

가거도 섬의 이름은 오랜 역사가 있다. 통일신라 시대 해상왕이라던 장보고가 사람이 살 만한 섬이라 하여 붙인 이름이다. 일제강점기 때 흑산도를 대흑산도라 하고 가거도는 소흑산도라 하였다. 식민 통치 행정의 편의대로 하였던 일이었다. 크고 작고를 상대적으로 부르는 이름은 당사자들에겐 자존감을 상하게 하였다. 2008년이 되어서야 원래의 고유한 이름 가거도를 되찾았다.

섬마을 예수

"목사님, 혹시 박도삼 장로님의 아들되십니까?" 1984년 8월 박요한 목사가 가거도의 한 노인을 찾아갔을 때, 그는 재삼 확인차 물었다.

"네, 제가 선친의 아들됩니다. 박요한 목사라고 합니다."

83세 노인은 실로 너무 반가왔다. 옛 생각이 나 눈물까지 글썽였다. 최몽삼은 70여 년 전 어렸을 때, 이 섬에까지 찾아와 복음을 들려주며 하늘 생명을 전해준 박도삼 전도자를 기억했다.

박도삼은 이 마을 주민과 어린이들에게 예수 그리스도를 전해 줄 뿐만 아니라 성경도 가르쳐 주고 초학 문답도 전수했다.

최몽삼은 믿음의 스승 박도삼의 아들을 대하자 마치 옛 신앙의 아버지를 대하듯 반가왔다. 박도삼(1876~1956)은 해남 화산면에서 태어나 자랐다. 청년 시절 장사를 하며 지낼 때는 제법 돈을 많이 벌기도 하였다. 비교적 키가 작은 편이었으나 몸집은 상대적으로 좋은 편이었던 그는 자가용 배를 가지고 해남 완도와 경남 사천까지 다니며 장사를 잘했다. 이재에 밝아 돈을 제법 많이 벌었다. 그의 손자 박정식 목사(케냐 선교)의 증언으로는 어찌나 돈을 많이 벌어 들이는 지 엽전을 머슴들이 지어 날랐다고 할 정도다.

선교사를 만나고 예수를 알게 되면서 그의 삶이 바뀌었다. 기독교 신자가 되고 예수 제자가 되는 것이 너무도 기뻤다. 하던 일을 바꿔 온전한 전도자로 변신했다. 집안에서 반대에 부딪히고 쫓겨나기까지 했다. 가문의 족보에서 제외되는 고난 중에도 그는 새로 주인 삼은 예수 위해서만 살기로 다짐하며 충성하였다.

박도삼 선친처럼 섬 전도에 열심내었던 아들 박요한 목사 (사진 뉴스앤조이)

박도삼은 맹현리 선교사의 매서인으로 쪽복음 성경을 들고 배를 타고 목포 앞바다 다도해를 숱하게 지나다녔다. 흑산도, 태도, 가거도, 비금도, 도초도 등 신안 지역의 섬들과 진도, 완도까지 바다 건너 사람 사는 섬이란 섬은 어디고 달려갔다.

때론 풍랑이 거센 바다를 다니느라 위험천만한 순간들도 많았다. 섬 사람 특유의 무속신앙, 무당들과 마찰도 자주 벌어야 했다. 어부들과 주민들에게 외면 당하고 쫓겨나는 수모도 많았다. 그럴 때마다 자신의 죄를 위해 기꺼이 십자가의 고난과 수모를 이겨내신 그리스도를 생각했다. 그의 제자로서 복음 전하는 자로서 당연한 고난과 핍박을 마다하지 않았고, 받아들였다.

1915년 4월 15일 맹현리의 후원에 힘입어 흑산도 예리교회를 개척하였고, 1922년엔 도초도 신교리교회(도초중앙교회)도 시작하였다. 그뿐이랴, 수다교회, 지남교회와 가거도 만재도 등지에도 교회를 세웠다. 기록은 없지만 이보다 더한 기도처도 세웠을 법하다.

1922년경 도초에 완전 정착하며 이곳에 성덕학원을 세워서 젊은이들을 위한 교육사업을 펼치기도 하고 농민들을 모아 농촌진흥회라는 단체를 만들어 활동하기도 하였다.

1943년 도초중앙교회에서 장로 임직을 하였다. 그가 도초, 비금, 흑산 등지를 중심으로 뿌린 복음의 씨는 크게 자랐고 이곳 출신의 신자들이 교회 성장과 함께 복음의 큰 줄기를 형성하였다. 도초에서 태어난 그의 아들 박요한은 신학을 하고 목사가 되었다. 대한예수교장로회 합동 교단의 총회장을 지내며 한국 교회의 큰 역할을 감당하기도 하였는데, 왕성한 목회 활동 중에도 시간을 내어 섬 선교 활동을 소홀히 하지 않았다.

은퇴 이후엔 선친의 유지를 따라 섬 전도 활동에 온전히 전념하였다. 섬 선교에 헌신하였던 박도삼 박요한 부자의 열심과 유지를 따라 현재도 한국 섬선교회 등 여러 선교단체의 헌신은 참으로 값지고 고무적이다.

가거도 거라사인

성경 복음서에 나오는 예수의 축귀 사역은 복음서 중에서도 상당히 긴 이야기 가운데 하나다. 예수의 공생애 중에는 각종 병에 걸린 사람들, 귀신 들린 사람들이 참 많이 나온다. 죄와 사망에 망가지고 짓눌린 이 세상의 리얼한 모습이다.

병든 이 세상을 고치고 치유하는 일은 하나님나라가 시작되고 있음을 방증하는 예수님의 미션이다. 예수께서 하루는 데가볼리 지역의 한 마을 거라사에 이르렀을 때 귀신 들린 사람을 만났다.

그는 마귀에게 사로잡혀 있었다. 더럽고 악한 영의 쇠사슬에 묶어 인간으로서는 전혀 정상적이지 못한 삶을 고통스럽게 지내고 있었을 때, 그의 울부짖음과 고통을 긍휼히 여기시고 예수는 그 사람 안에 있는 귀신을 내어 쫓았다.

귀신에서 해방된 그 사람은 몸이 살아나고 표정과 마음이 바뀌었다. 궁금해하는 마을 사람들에게 자신이 어떻게 귀신에게 놓여지고 어떻게 새 삶을 되찾았는지를 자랑하였다. 데가볼리의 주민들이 그 이야기를 듣고 생전 듣도 보도 못한 일에 얼마나 놀라워하였을까!

목포를 중심으로 섬마을 곳곳을 다니며 주의 복음을 증거한 매컬리 선교 팀은 예수 생명을 전하여 죽어가는 영혼을 살렸다. 천국 복음을 전하며 죄많은 이 세상으로부터 생명과 소망의 인생길로 인도하였다. 많은 이들이 성령의 은혜를 따라 새 인생 새 삶의 길을 걸었다. 그 사람들이 있는 마을마다 교회가 세워지고 하늘 인생들이 자라왔다.

매컬리 목사가 전하는 복음은 단지 마음의 변화뿐만이 아니었다. 죄 아래 짓눌린 숱한 환자들, 정신병자들, 귀신 들린 자들을 또한 고치고 바꾸는 사역이 이어졌다. 육체적 질병을 앓고 고통하는 이들은 주로 매컬리 부인 에밀리 코델 선교사가 담당하여 수고하고 애썼다. 신음하며 아파하는 환자들의 상처를 싸매주며 정성으로 치료하였고 필요한 대로 약을 줘가며 어떻게 복용해야 하는 지 친절하게 설명도 하여 주었다.

1916년 목포에 새 병원이 미주리주 세인트조셉 시의 프렌치(C. W. French) 씨의 기념 건물로 지어졌다. 이 새 병원은 한국 본토의 인근 많은 섬의 병자들과 허약자들을 돌보았다.

매컬리 목사는 본토에서 100마일 떨어진 바다로부터 바위 봉우리가 솟아 있는 앉는 가거도까지 첫 여행한 것을 말하였다. 거기서 놀랍게도 한쪽 발을 가진 사람이 환한 얼굴로 그를 따뜻이 맞아 주었다. 그는 한 다리를 잃었지만, 프렌치기념병원에서 그리스도를 만난 사람이었다. 마치 귀신 들린 거라사인처럼 그는 마을 사람들에게 돌아와 주께서 그를 위해 해 주신 놀라운 일을 간증했다. 매컬리 선교사가 도착했을 때 좋은 소식을 들으려고 많은 무리들이 신속히 모여들었다 (조지 톰슨 브라운, "한국 선교 이야기).

에밀리 코델 간호사가 정성으로 환자들을 돌보며 치료하고 선교하면서, 질병의 정도가 심한 이들은 자신들의 배에 태워 목포로 함께 이동하였다. 그리고 목포 프렌치 병원에 있는 보다 좋은 의사와 시설을 통해 많은 이들을 치료하였다.

평생 안고 고통스레 살아야 할 줄 알았는데, 선교사들의 도움으로 몸을 고치고 건강을 회복하였으니 얼마나 감사하고 행복하였으랴. 거라사인의 변화된 인생처럼 그들도 자신들의 섬마을 고향에 돌아가 이 놀라운 소식을 전하고 간증하였을 터이다. 많은 사람이 놀라고 예수 복음과 생명의 은혜에 마음을 내어놓았을 것이다.

맹현리 부부의 온전한 복음 사역으로 믿는 이 더하고 가거도뿐만 아니라 흑산도 등 신안 곳곳의 섬마다 믿는 이들 더하고 교회가 세워졌다.

오늘날 한국 시군 중 가장 높은 35% 넘는 기독교 복음화율을 갖는 신안 기독교는 순전히 초기 전도자 맹현리 부부와 박도삼을 비롯한 그의 조사들의 헌신 충성에 기인한다.

08

소금은 자고로 짜야

천사의 섬, 신안. 목포 앞바다에 펼쳐진 다도해는 가히 절경이다. 하나님의 창조 작품 가운데 몇 손가락 안에 들 수 있으려나? 온 세상 곳곳에 참으로 기이한 작품들은 많고 많으며, 아름다움과 천혜의 공간으로 꼽자면 앞 순위에 들지 않을까 싶다! 20세기 폭발적인 산업화와 개발의 속도를 비켜선 채, 태고적 신비와 절제미를 유지하며 가장 평화로운 모습을 갖고있는 별명 그대로 천사의 섬 천국이다.

우리나라 최서남단에 남북으로 길게 늘어선 수많은 섬을 가지고 있는 신안군, 그중에서도 가장 중앙 부분에는 비금이라 불리는 섬이 있다. 새가 날아오르는 형상을 닮았다 해서 붙여진 이름, 비금도(飛禽島).

잘 알려진 대로 '섬초'라고도 하는 '시금치'가 많이 생산되고, 세계적인 바둑 천재 기사, 이세돌이 나고 자란 곳이다. 그리고 우리나라 최고의 천일염을 생산하는 신안 일대에서도 염전 개발을 가장 앞서 시작한 곳이 또한 비금이다.

물과 함께 사람의 생명에 절대 불가결한 음식 소금을 현대화된 염전 방식으로 개발 생산하는 비금, 인간 육신의 생명을 다루는 소금의 생산을 처음으로 개발한 지역 못지않게 영의 양식을 책임지는 생명 복음의 역사도 가장 빨리 이뤄진 곳이 비금도이다.

1908년 무안군(신안) 덕산리교회가 성립하다. 먼저 이 마을 사람 강낙언이 믿고 전도하여 신자가 늘어가므로 예배당을 짓고, 선교사 맹현리와 조사 마서규, 이행언, 김경운, 김봉현 등이 이어서 시무하니라(조선예수교장로회 사기).

비금 기독교 100년사에는 비금 출신의 강낙언 이라는 사람이 목포에서 기독교를 접하고 1908년 3월 맹현리 선교사와 함께 비금에 와서 전도하여 교회를 세웠다고 전한다.

목포에서 무려 10시간이나 넘는 먼 거리를 맹현리 전도 팀이 배를 타고 비금까지 갔다. 해안가에 있는 월포리에 닿아 그곳에 천막을 치고 전도하기 시작하였고, 환자들 치료 사역까지 하였을 것이다. 섬마을에 신자가 늘어나고 교회 공동체가 이뤄지면서 맹현리는 마서규 조사에게 이 교회를 지도하도록 하였다. 마서규는 비금 덕산교회 뿐만 아니라 인근 주위의 여러 섬 지역 전도자로도 열심 활동하였다. 마서규 조사는 초창기 목포교회 신자들 가운데 대표적인 한 사람이며 선교사 조사로 활동하였다. 개성 출신인 마서규는 언더우드 선교사로부터 성

막내딸 결혼식 사진, 신부 뒤 안경 쓴 이가 마서규 조사

경을 배웠으며 서울 남대문교회 파송으로 전남 목포에서 선교사들의 조사로 충성하였다. 오웬의 조사로부터 시작하여 해남 등지에서 먼저 사역에 열심을 내었었고, 맹현리의 조사로 새로 부임 받아 신안을 비롯한 여러 섬 사역에 힘을 내었던 것이다. 마서규 조사는 모두 4남 1녀의 자녀가 있었으며, 장남은 마이색이다. 마이색은 3남 2녀의 자녀를 두었으며, 1남 마성은, 2남 마세일, 3남 마경일, 1녀 마화자, 2녀 마덕일(남서울교회 권사) 등 이다.

마성은 선생의 자녀 가운데 마동환 선생이 있다. 마서규의 증손자 마동환 선생(1959년생)은 미국 LA에서 교회 장로로서 변호사로 활동하며 굿네이버스 미주지사장 등으로 헌신하고 있다.

신안의 안디옥교회

조사 마서규와 선교사 맹현리의 지도로 비금교회는 부흥하였다. 조사 마서규 이후엔 이행언이 이었다. 1911년 4월 2일 맹현리 선교사는 이행언의 도움을 얻어 이 교회에서의 첫 성례식을 거행하였다.

비금교회 첫 수세자였던 김경운은 이후 목포 달성경학교에서 지도자 수업을 받았고, 세 번째 교역자로 비금교회를 맡았다. 예배당도 상암 논골로 옮겼던 때다. 1920년이 되자 교회는 세례 교인이 30명 이상으로 늘어났다. 공동의회를 통해 장로를 선출하였다. 교인들이 정성을 담아 헌금하여 망동에 기역자 예배당을 새로 건축하고 장로 장립식을 하였다.

1월 19일 비금의 첫 장로 김성규의 장립식이 열렸다. 그리고 다음 날 20일 주일에는 첫 당회를 열었다. 맹현리 당회장과 목포 양동교회의 최병호 장로가 합세하여 김성규 장로까지 세 사람의 당회로 교회 이름을 이때부터 '비금덕산교회'라 공식화하였다. 같은 해 5월에는 김피득 아이에게 유아세례를 베풀었다. 김피득의 아버지인 김근환 성도는 7년 후인 1927년 덕산교회의 두 번째 장로로 장립되었다.

이 와중에 교회는 1915년 흑산 예리에 교회를 세우고, 1922년엔 인근 섬 도초에 교회를 세웠다. 그뿐이랴 계속해서 예수 십자가 복음의 은혜는 바다를 넘어 이웃 섬마을 곳곳에 나눠었다.

덕산교회는 비금도뿐만 아니라 인근 도초도, 흑산도, 멀리 가거도까지 섬 천국의 복음 전진기지가 되었다. 가히 수리아의 안디옥교회로부터 이방 선교가 시작되고 확장되어진 것처럼, 신안 일대의 모든 교회는 덕산교회로부터 복음의 씨앗이 흩어지고 확산되었다.

저는 제 관할 교회를 모두 방문하여 교회 문답을 치르고 성찬을 집례했으며, 드물게 권징을 하기도 했습니다. 저는 7월부터 두 섬에서 새로운 모임을 시작하여 잘 진행하고 있습니다.

큰 섬인 비금의 교회는 규모는 작지만, 꾸준히 성장하고 있으며, 7년 역사 동안 단 한 건의 징계도 없었다는 이례적인 기록이 있습니다. 세례받은 모든 성도가 어느 한 사람도 예외 없이 신실하고 진실하게 서 있습니다. 이곳의 크리스챤들은 완전히 거듭났고 사랑과 선행으로 충만해서 그곳을 방문할 때마다 기운이 납니다. 이곳은 목포에서 불과 40마일 밖에 떨어져 있지 않지만, 들어오는 데는 꽤 많은 시간이 걸립니다(맹현리, 더 미셔너리, 1915년 9월).

신실한 성도들로 믿음의 공동체를 세워가는 비금덕산교회는 1938년 김종인 목사를 담임으로 세웠다. 교역자로는 6번째인데, 기존의 조사나 전도자가 아닌 목사 신분의 교역자로선 처음이었다.

1891년 해남 북평 출신의 김종인은 1930년 평양신학교 졸업하고 전남노회에서 목사 안수를 받았으며, 고창읍교회와 강진에서 목회를 한 후 덕산교회 목회를 하게 되었다. 화술이 뛰어난 부흥사이면서 또한 사람들의 어려운 형편을 이해하고 보듬어 주는 따뜻한 목회자였다.

김종인 목사에 이어 김방호 목사가 덕산교회 담임 사역을 이었다. 1895년 경북 경산에서 태어난 김방호는 장성과 고창 등지를 순회 사역하던 미남장로교 사무엘 닷슨(도대선) 선교사의 조사가 되어 이 일대에서 충성하였다. 장성 소룡리교회 장로에 이어 1933년 평양신학교 졸업후 목사가 되었다. 영광읍 교회를 거쳐 1941년에 덕산교회에 부임하였다.

소금 언약 공동체

일제 고난의 시기 두 목회자는 섬마을 목회에 충성하였다. 인내하며 사랑과 믿음의 결속 아래 교회의 부흥은 물론 인근 지역 전도와 교회 개척에 헌신하였다. 해방이 되고 6.25 또다른 고난의 민족 전쟁과 갈등이 격심할 때 영광 법성포교회 시무하던 김종인 목사와 영광 염산교회 담임하던 김방호 목사는 공산 세력에 의해 각기 가족 성도들과 함께 순교하였다.

너희는 세상의 소금이니 소금이 만일 그 맛을 잃으면 무엇으로 짜게 하리요. 후에는 아무 쓸 데 없어 다만 밖에 버려져 사람에게 밟힐 뿐이니라(마 5:13).

소금은 좋은 것이로되 만일 소금이 그 맛을 잃으면 무엇으로 이를 짜게 하리요 너희 속에 소금을 두고 서로 화목하라 하시니라(막 9:50).

예수님이 비유한 소금 이야기는 오늘 우리 교회와 성도들에게 더욱 절실한 가르침으로 다가온다. 소금이 그 이름값에 걸맞

지 않으면 무슨 소용이 있으랴. 본질과 제 역할을 잃어버려서는 참으로 부끄러운 일이다. 차라리 없는 것만도 못하다.

대한민국 짠맛을 대변하는 신안 비금과 여러 교회, 오늘 한국 교회와 사회에 소금 역할을 제대로 할 수 있는 복음의 능력, 기독교의 사랑이 회복되고 제 기능을 되찾기를 소원해 본다.

바다를 휘저으며 섬과 섬을 찾아 하늘 생명의 능력을 전하고 수고하였던 맹현리 선교사와 마서규 조사 등을 기억하며...

09

유배지에 전한 복음

1925년 진도 분토리교회, 당회장 맹현리 선교사는 장로 선출을 위한 공동의회 투표를 진행하였다. 보배로운 섬 진도에서 맨 처음 시작한 분토리교회는 두 번째로 장로를 세우는 경사스러운 일이었다.

주후 1925년 9월 11일 하오 4시에 맹현리 목사가 노회에 당회원을 받아 조사 최병호 씨와 전남 진도군 군내면 분토리 교회 전도방에 모여 맹 목사 기도 후 투표 선정하니 투표수 3분지 2

이상으로 김경오, 김주환 두 사람이 피택되다(분토리 교회 당회록).

조선예수교장로회 사기에 따르면 진도 분토리교회는 1905년 시작되었다. 처음에 정경숙, 김경원, 김경오 등 여러 명이 마을 서당을 빌려 예배하였는데, 1년 만에 성도가 70여명에 이르렀다고 한다. 분토리교회는 새 예배당을 짓고 1917년 정경숙을 장로로 처음 장립하여 당회를 구성한 조직교회였다.
그로부터 또 시간이 지나 1925년엔 장로 투표를 통해 두 사람을 선출하였다. 이듬해 1926년 1월 25일 11시에 임직식을 하였다. 맹현리 목사가 조사와 함께 다시 와서 주례했음은 물론이다. 추운 겨울에 벌어진 이 복된 행사를 목포 선교부의 동료 머피(Murphy, Thomas Davidson, 민도마, 1847~1940) 목사가 보고서에 자세히 기록하였다.

1월이었고 매우 추웠습니다. 무자비한 바람이 눈을 격렬하게 내뿜고 물을 분노의 얼음으로 바꿉니다. 저의 개인 도우미와 저는 목숨을 걸었고 한 섬으로부터, 목포에서 오는 모터보트로 연결되는 그다음 섬까지 4마일 정도 운항하는 페리를 만났습니다.
맹현리 목사가 그 배에 타고 있었고 우리는 두 명의 장로를 임직하는 그를 돕기 위해 그를 따라 진도에 갈 계획이었습니다.

우리는 겨우 만난 페리에서 내린 후에도 눈밭을 가로질러 3마일을 걸어야 했고, 보트 정박지에 가까스로 도착했지만 20분 정도 늦었습니다. 그러나 다음날 이 시간 보트가 또 올 것인데 걱정할 필요가 뭐 있나요?
진도 군내면 분토리에 있는 이 교회는 지난 몇 년간 죽어있는 것과 다름없었지만, 지금은 꽤 장래가 밝고, 관악대, 솔로와 듀엣을 부를 수 있는 청년들, 그리고 장로 두 분을 자랑할 수 있는 교회가 되었습니다. 장로 한 분은 정말 과거를 그대로 대변하고 계시지만 평양신학교에 다니는 다른 한 분에게서는 앞으로의 교회 모습을 볼 수 있습니다.
다음 날 장로들은 정식으로 임명, 임직 되었습니다. 그것은 참으로 행복한 행사였고, 그들은 즉시 "그들 직분을 영광스럽게 여기기(롬 11:13)" 시작했습니다. 그들은 장로가 "나그네를 대접하는 자(딛 1:8)"라야 한다는 성경의 명령을 말 그대로 실천함으로 그것을 시작했습니다(머피, 더 프레스바이테리언 서베이, 1926년 12월).

장립된 두 장로 가운데 김주환은 진도와 해남 등지에서 초기 기독교 지도자로 활약했었다. 진도에 유배자로 들어와 그 후손이었던 김양조 씨의 아들로 1894년 4월 11일생이다. 어릴 때부터 이곳에 들어온 선교사들에 의해 신앙을 갖게 되었고 청년이 되어서는 맹현리 목사의 조사로 일하던 중이었다.

회장 밍현리
셔긔 최병호

장로쟝립식

쥬후 一九二六년 一월 二十五일 오젼 十一시에 젼남 진도
군 [illegible]면 분토리교회에셔 밍현리목ᄉᆞ 쥬례로 김
경오 김유환 량인의게 쟝로쟝립식을 거힝ᄒᆞᆯᄉᆡ 이
여좌ᄒᆞ다

一. 찬용 三쟝
二. 긔도 밍현리목ᄉᆞ
三. 셩경랑독 히 廿 17 졀 김유환조ᄉᆞ
四. 독창 민도마목ᄉᆞ
五. 장로밍셰 조명션쟝로
六. 교회밍셰 김윤학쟝로
七. 안슈긔도 령판진쟝로
八. 악슈례
九. 영창 분회찬양대
十. 쟝로권면 민도마목ᄉᆞ
十一. 교회권면 리은영조ᄉᆞ
十二. 긔도 허경언집ᄉᆞ
十三. 찬용 [illegible]쟝
十四. 광고 김경오쟝로
十五. 츅복 민도마목ᄉᆞ

폐회ᄒᆞ다

회쟝 밍현리
셔긔 최병호

뎨一회당회록

쥬후 一九二六년 一월 二十五일 하오 二시에 본당회가
젼남 진도군 군내면 분토리 례배당에 회집ᄒᆞ니
회쟝 밍현리 [illegible] 김경오 김유환 졔시더라
회쟝의 긔도로 기회ᄒᆞ고 [illegible] 무흠이여좌ᄒᆞ다
十六명 부록 겁사ᄒᆞ고 [illegible]
셰례문답ᄒᆞ기로 가결ᄒᆞ다

시명	쥬소	년령	혼부	신앙	비고	작명
김긔연	진도분토리	20	1	조흠	셩례뜻	
김긔연의 박시	〃	17	2	〃	잘암	셰례

분토리교회 장로 장립식 순서

진도의 일꾼 김주환 목사

그가 장로 장립을 받은 때는 또한 목사가 되기 위해 평양신학교에서 수학하던 중이었다. 1925년 전남노회록에 신학생 추천 명단에 등장하고 1926년 평양신학교 재학생 명단에도 33세의 김주환이 나온다. 김주환은 1931년 3월 평양신학교 26회 졸업하고 목사로서 광주, 장흥, 진도 등지에서 목회하였다.

1939년부터 1950년까지 모교회인 분토리교회에서 담임 사역을 하였다. 전라남도 진도군 군내면 분토리. 섬에 있는 것 치고는 예전엔 상당히 컸던 마을이다. 동으로는 송산리, 서로는 정자리, 남으로는 월가리가 있고 북으로는 해발 252M의 고두산과 접하고 있다.

해남 우수영에서 울돌목 바다 위를 건널 수 있는 진도대교를 지나 18번 국도를 타고 진도읍으로 들어가다 보면, 고두산 간재 터널을 통과하여 바로 오른쪽으로 빠져나가면 분토리 동네에 이른다. 그 일대가 넓은 평지가 있듯이 예전에 바닷물이 들어오는 포구였다. 초기 목포 선교회에서 배를 타고 목포 인근의 섬마을과 포구를 찾았듯이 이곳에도 복음을 전하러 진도에서 맨 처음 도착했던 곳이다.

조선 사기 기록에도 나오지만, 선교사들 편지나 보고서에도 1905년이 되어서야 이곳에 처음 도착하여 사역을 시작했다고 전한다. 목포 전남의 초기 선교사 오웬은 동료 의사 다니엘(Daniel, Thomas Henry, 1879~1964, 단의열)과 함께 1905년 진도 섬을 찾았다. 1894년 4월 미남장로교 선교회가 전라도 정탐을 맨 처음 펼칠 때 레이놀즈와 드루 두 명의 선교사가 진도를 찾은 이후 11년이 지난 때였다. 전라남북도를 광범위하게 정탐해야 해서 레이놀즈와 드루는 잠깐 진도를 거쳐가는 정도였지만, 오웬과 다니엘은 시간을 두고 진도 섬에도 전도하며 복음의 씨를 뿌리려는 목적이었다.

지난주에는 다니엘과 진도 섬을 여행하고 돌아왔다. 그 여행은 대단히 흥미있었다. 약 120개의 마을이 있는 진도는 약 50제곱 마일 크기의 섬이며, 목포 남서쪽으로 약 50마일 떨어진 곳에 있다. 몇 개의 마을에서 설교를 했는데, 그 가운데 한 마을에서는 사람들 앞에서 자신들의 신앙을 공언하는 그리스도인을 두 명 발견했다.
우리는 계속해서 군청 소재지로 갔는데, 그곳에서 높은 가문 출신이며 훌륭한 교육을 받은 한 사람을 만났다. 그는 진보적인 사상 때문에 1년 전에 왕의 명령으로 그곳으로 유배되어 온 사람이었다. 이미 그는 기독교를 잘 아는 신자가 되어 있었으며, 중국어 성경과 찬송가를 가지고 있었고, 몇 명의 다른 포로들에게 복음을 전해 왔었다.
그 포로들 가운데 몇 명은 이전에 중앙의 정치 무대에서 높은 관직을 가졌던 사람들이었다. 사람들의 말에 따르면, 이 나라의 선량들 가운데 많은 이들이 이들 외딴 섬에서 그들의 날들을 보내고 있다고 한다. 그렇게 미리 잘 준비된 토양에 복음의 씨앗을 뿌릴 수 있었다는 것은 실로 신선한 자극이었다. 나는 그 지역으로부터 좋은 소식들이 있기를 기대하고 있다 (오웬, 더 미셔너리, 1905년 10월).

1년 후에는 프레스턴 선교사가 재차 진도를 찾아 복음이 자라기 시작한 분토리교회에 거름을 주었다.

진도의 분토에 있는 교회는 빠른 속도로 성장하였다. 바로 일년 전에 나는 당시 손님으로 와있던 다니엘 의사와 함께 이 섬을 방문했었다. 당시 마을마다 주민들은 우리가 다가가자 재빨리 도망쳤다. 그러나 우리는 그곳에서 한 듣는 무리를 만났는데, 그 가운데 세 사람이 관심을 가지고 질문해 왔다.
5킬로를 더 가서 젊은 유배자를 만났는데, 그는 서울에서 직접 가져온 중국 성경을 읽고 회심한 사람이었다. 우리는 그를 세 사람의 지도자로 내세웠다. 이제 출석 교인은 여러 이웃 마을 사람까지 포함하여 60여 명에 이르고 있다 (프레스턴, 1906년 보고서).

신안의 흑산도 등과 함께 진도는 예로부터 유배지로 잘 알려진 곳이다. 구한말에도 이곳에는 많은 유배자가 있었다. 서울 등지의 지식인 관료 가운데 적지 않은 수가 정치적 이유로 진도에 내려와 있었고, 이들 중 상당수가 서양에서 들어온 기독교와 쪽복음서에 큰 호기심을 나타냈다.

분토리마을에도 있었던 이들 유배자들이 먼저 기독교의 남다름과 복음의 생명력에 은혜를 입고 신자가 되었으며, 이들을 중심으로 분토리교회가 시작되었다.

보배의 섬, 초대교회

바닷물 넘치는 포구 마을이었던 덕에 진도에서도 가장 먼저 복음을 받아들였던 분토리교회, 진도의 첫 교회 초대교회라는 의미를 되살리고자 교회 이름도 '진도초대교회'로 바뀌어 있다. 마을 주변은 이미 수십 년 전에 바다의 흔적을 찾기 힘든 내륙 마을이 되었다. 산업화 도시화로 주민들 대다수가 도회지로 빠져나가고 나이 든 노인들만 마을과 교회를 지키고 있는 현실은 여기도 예외가 아니다.

노쇠화되고 숫자는 많이 줄었어도 그게 무슨 교회의 본질이나 곧은 신앙의 정도를 훼손할 수 있으랴. 초대교회 옛 선인들의 믿음과 정성을 오늘도 배우고 되새기며 하늘의 역사 이어가고 있으니 참으로 귀하고 아름답지 아니하랴.

10

감옥에서 만난 예수

10일 동안의 순회 전도 여행을 통해 매컬리 부부와 동행하여 진도를 다녀온 것은 나의 특권이었다. 세 명의 선교사가 역시 세 명의 한국인 조력자와 함께 갔는데, 이것은 지금까지 이 중요한 섬을 방문한 그리스도인 사역자 팀 가운데 가장 큰 것이었다.

진도 섬의 복음화를 위한 길은 열려 있다. 그러나 우리의 시간 부족과 다른 선교지들은 우리로 하여금 이미 교회를 조직해 놓은 마을을 방문하는 것이 쉽지 않도록 했다. 이번 여행이 백인 여성이 그 섬을 방문하게 되는 첫 번째 방문이라는 것을 고려한다면, 여러분도 우리의 방문이 얼마나 흥분을 불러일으켰겠는지 짐작할 수 있을 것이다.

사람들이 기독교가 여성을 위해 무엇을 했는가를 알았을 때, 가난하고 무지한 여인들이 더 나은 것에 대한 갈망을 드러냈다. 복음의 능력을 의심하는 사람이 있다면, 그는 와서 여인들에게서 일어나고 있는 은총의 역사를 보아야 한다. 그 여인들은 수십 년 동안 무지, 미신, 그리고 두려움 속에서 살아왔다.

진도에는 125개 마을이 있으며, 3만 명의 주민이 살고 있다. 자연 경관은 아름다우며, 계곡, 산, 그리고 물이 흐르는 아름다운 시내가 있다. 하와이의 섬을 생각나게 할 정도이다. 한국의 야생 꽃은 가지각색이다. 노랗고, 하얗고, 심홍색의 제비꽃을 볼 수 있다.

우리는 교회가 있는 두 개의 마을을 방문했는데, 각 마을은 섬의 양쪽 끝에 있는데, 24마일이나 떨어져 있다. 한 마을에서 다음과 같은 이유로 우리는 약간 실망했다. 보고된 바에 따르면, 교회 성도 가운데 일부가 이교 예배에 참석하고 있었고, 또 다른 이들은 아들들을 믿지 않는 처녀들과 결혼시켰으며, 한편 그밖에 많은 신자들이 자신의 아내들에게 종교적인 지도를 전혀 안 했다는 것이다.

그러나 더 나은 것을 위해 기도하는 신실한 남자들, 그리고 여인들이 있었다. 주일날, 맹현리 선교사가 신자들을 방문하여 공개적으로 그들의 잘못을 설명했을 때, 그들은, 한 사람도 빠짐없이 자신의 죄를 회개했고, 거의 모든 그리스도인이 눈물을 흘리며 기도했고, 모든 사람이 성령의 권세를 느꼈다.
우리는 그 교회가 장차 더 나아질 것이라고 생각한다. 출석 교인이 늘어났기 때문에, 교회 건물을 확장하는 일이 요구되고 있다 (쥴리아 마틴, 더 미셔너리, 1910년 11월).

맹현리 선교사는 자신이 섬 지역 전담 순회자로 지정되어 아내와 함께 책임있는 사역을 전개하였다. 조사 요리사 등을 대동하고 함께 신안 진도 완도 등지의 숱한 섬들을 방문하여 전도 활동을 펼쳤다. 그런데 초기에는 단독적인 사역만 하지는 않았다. 목포 선교부에 있는 동역자들과 함께하는 일이며 사역의 모든 내용을 공유하였다.
가장 먼저 선배였던 프레스턴의 지도를 따랐다. 그리고 1907년 내한 선교 동기들인 다니엘 의사나 쥴리아 마틴 여성 선교사들과 종종 같이 선교 사역에 나서기도 했다.
역시 니스벳 목사 부부나 나중에 목포에 합류한 후배 민도마, 조하파 선교사도 맹현리 부부의 사역을 지켜보고 함께하며 응원의 목소리를 담아내곤 했다.

동역 선교사와 함께 섬 전도

독신 여성 선교사였던 쥴리아 마틴은 달리 동역 사역의 큰 일군이었다. 맹현리의 아내로서 간호사였던 에밀리 코델과 함께 쥴리아 마틴은 나이가 많음에도 독신 여성이라는 까닭에 섬 주민들과 아이들에겐 다른 각별함이 있었다.

마틴 선교사는 진도 일대 섬마을을 최초로 방문한 백인 여성이었다. 캔자스 출신의 마틴(Martin, Julia Annette, 마율리, 1869~1944)은 사범대학과 무디 성서신학원을 졸업하고 1908년 9월 내한하였다. 맹현리보다 정확히 1년 늦게 온 후배이지만 나이는 12살이나 위인 선배였다.

40세 되던 해에 목포에 와서 전남 농어촌 지역, 주로 무안 함평 지역을 순회 전도하며 청소년들의 이모가 되어 주었고, 정명여학교장 사역과 함께 목포교회의 여성과 어린이 사역까지 담당하였다. 일평생 결혼하지 않고 자신의 연인 목포에서만 32년간의 사역을 다 하고 1940년 미국으로 돌아갈 때는 71세 고령이었다.

마율리 선교사가 언급한 진도 섬의 끝에 있는 두 곳의 교회는 분토리교회와 금갑교회로 추정된다. 선교사들이 분토리에 먼저 도착하여 복음의 씨를 내리기 시작했고, 이어서 더 멀리 배를 타고 도착한 곳이 금갑마을이었을 것이다. 금갑교회는 1908년 진도에서는 분토리교회에 이어 두 번째로 시작한 교회 공동체다.

맹현리 선교사가 섬 순회 사역자로 전담하면서 진도의 분토리 교회에 이어 금갑리에까지 복음을 확산하여 교회가 시작하였다. 2년여 지난 1910년엔 맹현리 부부가 마율리까지 초대하여 세 선교사가 자신들의 세 조사와 더불어 사역했음을 마율리는 증언하면서 진도 섬의 전반적 상황과 섬의 아름다움을 묘사하였다.

정경옥 교수와 진도읍교회

이세종을 일컬어 '성자'라 하였다. 어느 누가 감히 그런 칭호를 붙일 수 있단 말인가? 쉬운 일이 아닐뿐더러 상당히 부담되고 역효과를 불러일으킬 수 있는 불손 위험한(?) 말이다. 당사자도 그렇거니와 발설자 역시 상당히 모두의 공감과 함께 존경과 권위를 입은 자라야 하지 않나!

화순 도암의 이세종을 만나면서 정경옥은 새로운 영적 샘물을 만났다. 고갈된 영성과 신앙이 기운이 새롭게 일어서는 듯했다. 그의 삶을 접하고 그의 신앙을 이해하게 되면서 은둔의 수도자 이세종을 '성자'라 하며 세상에 알렸다.

진도 출신의 정경옥, 섬마을 출신에도 일본과 미국으로 유학까지 다니며 기독교에 대한 지식과 신학을 탐구하였지만, 정작 예수를 놓치고 살았던 것 같았다. 그동안의 열심과 노력을 뒤로 하고 고향에 내려와 고독과 눈물로 성경을 다시 읽으며 성찰하던 즈음, 이세종을 만났다. 그에게서 예수를 다시 만났고, 예수의 가르침과 구원의 은혜가 새 동력으로 찾아왔다.

정경옥은 1903년 5월 24일 진도읍 교동리에서 태어났다. 1919년 진도 3,1운동을 일으키다 목포 형무소에 갇혔을 때 예수를 처음 만났다. 목포에서 독립만세운동을 벌이다 함께 복역 중에 만난 이가 곽우영 장로였다. 목포교회 장로로서 평양신학교 재학 중 만세 운동을 벌이다 수감되었던 곽 장로는 감옥 안에서도 함께 들어온 여러 젊은이에게 예수를 전하고 성경을 가르쳤다.

곽우영은 목포 형무소에 들어가 있는 동안에 자기와 같이 붙잡혀 있는 많은 사람에게 매일 성경을 가르쳤다. 감옥에서 그는 여러 차례 성경 강의를 하였는데, 그 결과는 괄목할 만한 것이었다. 나라를 사랑하기 때문에 말을 아낄 수 없었던 아주 괜찮은 젊은이들과 부와 직분을 가진 사람들이 출옥하여 그들의 고향이 어느 곳이든지 교회를 세우기로 생각하고 있는 것이었다. 미스터 곽은 건장한 사람은 아니나 일군으로 부름 받았고, 그가 온전하고 준비된 목사로 부름받는 날을 고대하고 있다(유서백).

복역자 젊은이들이 출옥한 후 세워진 교회 가운데 하나가 진도읍교회이다. 독립운동 이듬해 인 1920년의 일이다.

1920년 진도읍교회가 설립되다. 처음에 현지 청년들이 주를 믿고 교회를 설립하고, 선교사 맹현리가 전도인을 파송하여 협력 전파한 결과 60여 명의 신자가 남동에 전셋집을 빌려 예배하다가 합심 연보하여 200원으로 8간 초가를 매수하여 예배당으로 사용하였다(조선예수교장로회사기).

현지 청년은 정경옥을 비롯하여 박종현, 박석현, 김인수 등 진도 3.1운동을 함께 펼치다 복역하고 출옥한 이들이었다. 그리고 허경언, 허인구, 구한태 등이 진도읍교회의 초기 멤버들로 함께하였다.
박석현은 1901년 진도 교동 출생한 자로 목포 형무소에서 6개월 복역하였으며, 출옥하여 교회를 함께 세운 후 교회 일군으로 충성하였다. 1938년 평양신학교를 졸업하고 목회자가 되어서 나주읍교회에 이어 광주 양림교회 담임 사역을 하였다. 1950년 6.25로 인해 진도 본가와 영암 처가를 오가며 피신하던 중, 처가인 영암 상월에서 가족 성도들과 함께 순교하였다.

진도교회를 일으켰던 맹현리 당회장

맹현리 선교사는 여타 지역과 마찬가지로 진도읍교회도 수시로 찾아와 당회장으로서 치리와 문답을 하고 말씀으로 가르치며 섬겼다.

지역을 맡아 수고하는 조사와 일꾼들이 달리 있었음은 물론이다.

진도읍교회는 1926년 홍승애 전도사가 부임하였다. 맹현리 선교사가 은퇴하며 미국으로 돌아간 1930년까지 홍 전도사는 첫 공식 교역자로서 사역하였다. 홍승애 전도사는 광주교회 홍우종 장로의 딸로서 수피아학교를 졸업하였고 진도읍교회와 광주 일대 교회의 전도사로 일하였다.

목사로서 진도읍교회를 사역한 이는 1947년 김주환 목사가 처음이었다. 이때 김 목사의 형제인 김요한을 장로 장립하였다. 허경언(의재 허백련 부친), 차승만에 이은 세 번째 장로였다. 김요한 장로의 아내는 정경옥 목사의 큰 누이동생 정순례였다. 김요한 부부의 아들은 한국 문학계의 큰 평론가였던 김현 선생이다.

목포 선교부의 동역자, 선배들인 프레스턴, 오웬에 이어 동기 후배들인 쥴리아 마틴 등의 합력을 얻어가며 진도 섬에도 복음을 뿌리고 기르며 섬겼던 맹현리 선교사. 조사와 전도자들의 도움과 충성을 얻어가며 배를 타고 이 포구 저 포구 찾아가며 열심 내었던 맹현리 목사의 헌신이 오늘 진도 관내 여러 교회들의 면류관으로 서 있다.

100여 년 전 일군들의 발자취와 귀한 헌신을 새기며 오늘 우리 교회와 농어촌 섬마을 곳곳에 여전한 하늘의 은혜 빛나기를 참으로 구한다.

11

주님이 일하신다

"여보, 나 하나님 믿기로 했어, 지금 교회갔다 오는 길이야!" 소식도 없이 집 나갔다 며칠 만에야 돌아온 남편의 대뜸한 말에 아내는 자기 귀를 의심했다. 사람을 놀래켜도 정도가 있고, 뜬금없어도 수준이 있어야지, 평소 남편의 삶과 모습에서 도무지 가늠이 안 되는 노릇이었다.

가장으로서 집안을 돌보고 이끌어 주기는 고사하고 여차하면 집 밖으로 쏘다니며 술과 노름으로 방탕한 세월만 보내던 남편이었는데, 숨 가쁘게 말하는 그의 입과 표정은 진심과 진정성으로 붉게 타오르고 있었다.

최병호는 뭍에 나가 있다 집이 있는 섬으로 배를 타고 건너던 중 바다 위에서 하나님을 만났다. 풍랑으로 배가 뒤집힐 것 같은 위험에 처했을 때 그는 자기도 모르게 살려주면 하나님 믿겠다며 소리쳤다. 그 며칠 전 사촌 형제인 최경화 장로로부터 잘못된 생활 청산하고 예수 믿고 새사람 되라고 충고를 받던 터였다. 그걸 무시하고 돌아섰던 게 후회스러웠고, 별안간 자기가 모르는 하나님이 넘치는 파도 높이만큼이나 두려웠다.

한 사람의 회심, 새로운 인생

요나의 시험을 통과하기라도 한 걸까? 다행히 큰 사고없이 배가 마을 포구에 닿자 곧장 눈 앞에 보이는 교회로 달려가 무릎을 꿇었다. 최병호는 그렇게 다른 사람이 되었고, 옛 모습을 던지고 새 인생을 걸어가기 시작했다. 최병호 고향 마을에 있던 교회는 지금의 약산제일교회다. 오웬 선교사가 전도하여 1904년 세워졌다.

1904년 완도군 관산리교회가 성립하다. 먼저 이 마을 정만일이 전도인 노학구를 청하여 도리를 듣고, 그후 선교사 오기원의 전도를 받아 사, 오 명이 동지와 같이 신종한 후, 40여명의 신자를 얻고 대성리에 예배당 8간을 건축하였더니, 의병난을

경과한 후에 관산에 이전할 새 80여 교우가 100여원을 연보하여 예배당을 건축하니라 (조선예수교장로회 사기).

최병호는 1873년 강진에서 부친 최정흠의 5남매 가운데 막내로 태어났다. 어려서는 한학자인 아버지 영향으로 서당에서 글 공부를 하였으나 청소년기엔 공부를 져버리고 술과 도박으로 지냈다.
17세에 완도 금면도의 최간난과 결혼하여 신부의 집 근처에 신혼살림을 차렸다. 결혼하면 철이 들려니 하여 부모가 일찍 장가를 보냈다. 그럼에도 여전히 방탕한 생활을 하던 중, 강진 병영교회 최경화 장로의 권면과 기도, 개인적인 체험을 통해 회심하게 되었다.
그의 회심과 신자로서의 정성은 곧 목포 선교부에 알려졌다. 섬 선교에 매진하던 맹현리 목사는 그를 조사겸 매서인으로 택하였다. 최병호는 맹 선교사를 도와 해남, 영암, 강진, 완도, 진도와 신안의 여러 섬을 함께 다녔다. 선교사의 전도와 선교사업에 일조하며 자신도 하나님 나라 운동에 헌신하였다.
완도군 약산면 관산리에서 시작한 교회는 1907년 20여명의 교우들로 늘어났고, 8간 초가로 예배당을 짓고 마을 이름을 따 '관산교회'라 하였다. 1913년엔 장로 피택을 전라노회에 청원하여 이듬해 1914년 가을 최병호를 첫 장로로 장립하고 당회를 조직하였다.

1914년 9월 19일 상오 9시에 목포지방 시찰위원 대표 류서백 목사와 맹현리 목사가 본 예배당에 모여서 맹현리 목사 기도 후 최병호에게 장로 문답하였는데 류서백 목사는 교회정치를 묻고 맹현리 목사는 신경을 물은 후 류서백 목사 기도로 폐회하였다가, 그날 하오 8시에 다시 예배당에 모여 장립 예식을 거행할 때에 류서백 목사가 성경 디모데전서 3장 1절로 7절과 디도서 1장 1절부터 9절까지 읽고 간절히 권면한 후 최병호를 하나님과 교회 앞에 약조 문답하고 교회도 약조한 후 맹현리 목사가 주장하여 안수하고 기도하다. 류서백 목사가 기도로 폐회하다(약산제일교회 당회록).

최병호 장로는 교회 장로이면서 맹현리 선교사의 조력자로서 목포 인근의 섬과 농어촌 전도에도 참으로 열심 충성하였다. 77세 때인 1950년 6. 25 전쟁 중 공산당에 의해 관산리 앞바다에서 순교하였다.

아버지에 이어 아들도

관산에서 자라고 신앙을 배우던 그의 아들 최섭은 목포 선교부 길머 의사의 도움을 힘입었다. 아버지 최병호 장로는 맹현리 선교사에게, 아들 최섭은 길머 선교사에게 조력자가 되고 도움을 얻으며 부자 모두 헌신자의 길을 걸었다. 길머(Gilmer,

William Painter, 길마, 1890~1978) 선교사의 후원으로 세브란스 의학전문학교를 졸업한 최섭은 일제에 의해 선교사들이 추방되어 비어있던 목포 프렌치병원에서 이름을 제중원으로 바꾸고 의료 활동을 하였다.
해방 후 미 군정기엔 그는 초대 목포 시장을 지냈고, 정명학교장도 지내며 목포교회를 이끌었다.

우리는 여객선을 타고 고금도에서 조약도로 떠났습니다. 이 섬은 인구수가 3,000명 정도이고 우리 사역지를 통틀어 가장 좋은 교회 중 하나가 이 섬에 있습니다. 교회가 있는 마을에 다다르기 전에 우리는 수많은 지역 신도들과 30명 정도의 기독교 학생들로부터 환영을 받았습니다. 최초의 기독교 회심자가 이곳에서 맹현리에게 세례를 받았습니다. 오늘날은 66명의 견실한 입교인이 있고, 70명의 학습교인, 27명의 유아세례자가 있습니다. 작년 그들의 총 연보는 $80.00에 이르렀습니다.
(조하파, 더 미셔너리, 1922년 1월).

지금은 조약도로 불리지만 예전엔 약산도로 불리던 섬. 1326년 경주 정씨가 8남매를 데리고 입도하면서 유인도가 되었다. 129종에 이르는 약초가 자라는 섬이라 해서 이름이 약산도(藥山島)이다. 이 섬 어디나 흩어져있는 흑염소는 조선 시대 궁중 보약으로 사용될 정도로 유명했다.

목포 선교부 초기 남쪽 해안을 따라 동진하며 전도하던 오웬(Owen, Clement Carrington, 오기원, 1867~1909)은 해남과 강진을 넘어 완도 약산까지 왔고, 이웃한 고금도와의 사이 바닷길을 더 가서 장흥 회진의 삭금, 진목 포구에도 복음을 전했다. 오웬 이후에도 맹현리, 하퍼(Hopper, Joseph, 조하파, 1892~1971)로 이어지는 선교사들의 열정 어린 전도 여행이 이어졌다.

관산교회는 이후 약산제일교회로 이름을 바꿔 오늘에 이르렀다. 선배 장로 최병호의 신앙과 절개를 잇는 김필환, 강요원, 차운봉 장로 등이 교회를 어릴 때부터 다니며 지켜왔고 그동안 석조 교회, 그리고 지금의 60평 예배당을 아름답게 지었으며, 이웃한 섬 고금도에 교회를 분립 개척한 것을 비롯하여 인근의 금일도, 생일도 지역에 복음을 전하는 일에도 열심을 다해왔다.

약산도엔 모두 9개 교회가 있으며 주민 80%가 기독교인이다. 예전 미국 선교사들이 구호 물자를 들고 와 교회에 주었던 탓에 동네 어린이들이 호기심에 드나들며 신자가 되었던 이들이다. 그러나 지금은 교회가 아니어도 세상에서 먹을 것 입을 것 찾아 나설 수 있게 된 때문일까. 예전 같지 않게 교회도 안 나오고 신앙도 잃어버린 자들이 늘어가고 있다. 게을러진 영혼들에 대한 권면과 열정을 더해야 한다.

장로 두 분 모두 자신들의 시간 전부를 교회사역에 헌신하였고 그 중 한 분은 수입의 삼 분의 일을 교회 조력자들을 위해 바쳤습니다. 6년에서 8년간 이 교회는 확실히 견고하게 세워졌으나 작년은 한국의 다른 많은 지역과 같이 경이로운 영적 각성이 있었습니다. 이번 방문에서 35명이 교리문답 시험을 봤고, 4명의 신자가 세례를 받았으며 15명이 유아세례를 받았습니다.
또 수많은 사람이 설교예배와 성경공부에 참석했습니다. 교회는 본 섬 지역 이교도들에게 복음을 전하는 것뿐만 아니라 신자들을 아들을 매월 3일간 고금도에 보내어 복음 전도를 돕기로 했습니다(조하파, 더 미셔너리 서베이, 1922년 1월).

조하파와 맹현리 일행은 섬 전도 여행을 마치고 목포로 돌아오는 길에 거친 바다와 역풍을 만났다. 조하파는 뱃멀미를 했지만, 맹현리는 경험 많은 바다 항해사이기도 했다. 한국인 선원은 위험하다고 했지만, 맹현리는 아랑곳하지 않고, 기도하며 항해를 계속했다.

돌아가는 여정에 우리의 작은 보트는 매우 거친 바다와 역풍을 맞았습니다. 나는 멀미를 해서 위험한 것을 깨닫지도 못했습니다. 맹현리 목사는 경험 많은 항해사였고, 중대한 위험이 임박한 것을 보았습니다. 한국인 선원은 그에게 더 이상의 항해가 불가능하다고 말했지만 바로 그 시점에 맹현리 목사는 우리의 안전을 위해서 특별히 기도했습니다. 거의 즉각적인 응답이 있는 듯했습니다.
한 시간도 채 안 되어 해가 비추었고, 바람은 순풍으로 바뀌었으며 우리는 가장 산뜻한 항해를 하고 있었습니다. 이렇게 하나님은 당신의 백성을 지키시고 일을 진행하시며 약속을 성취하십니다. "볼지어다 내가 세상 끝날까지 너희와 항상 함께 있으리라"(조하파, 더 미셔너리 서베이, 1922년 1월).

갈릴리 바다 위의 예수 공동체와 같았다. 2천 년이라는 세월의 간극이 있음에도 하나님나라의 기적과 생명의 역사는 여전히 빛나고 아름답다. 주변이 산으로 둘러쳐진 갈릴리 바다는 간혹 동풍이 거세게 불어 풍랑을 일으킨다. 지형적인 영향으로 골란고원의 절벽을 타고 내리치는 바람은 호수 위에서 매우 거칠어지고 작은 배를 타고 지나는 이들에게는 큰 위협이 된다.

갈릴리 바다를 잠재운 예수

예수님과 제자들이 배를 타고 바다 위를 건널 때 갑작스런 광풍이 불고 물결이 배에 차서 죽을 지도 모르는 상황에 처했다. 오랜 세월을 바다 위에서 살며 어부로 지냈던 제자들도 두려워할 정도였다. 주무시던 예수께서 일어나 바람을 잠재우고 바다를 잔잔하게 하셨지 않는가! 오래전의 일로 그치지 않는다. 하나님나라의 일과 기적은 여전히 세월을 달리하고 장소가 다를 지라도 복음의 역사 생명의 은혜는 더하고 더한다. 사도들의 행전은 또 다른 후배 일군들의 충성과 헌신으로 새로운 사도행전의 역사를 잇는다.

맹현리 목사는 목포로 돌아오는 남해 바닷가 풍랑 앞에서 갈릴리 호수의 예수님을 기억하며 기도하였다. 천지 만물을 창조하시고 여전히 주관하시는 하나님, 바람을 잠재우고 풍랑을 멈추게 했던 예수께서 오늘 이 남해 바다에도 은혜를 베푸시고 역사를 일으켜 달라는 그의 기도에 하늘이 응답하고 복을 주셨다.

바람은 순풍으로 바뀌었고 무사히 돌아올 수 있었다. 최병호가 풍랑 가운데 하나님을 만났듯이, 주의 일꾼들도 역경과 어려움을 늘 하늘에 의지하고 맡기며 충성된 일을 감당하는 것이다. 하나님은 당신의 일꾼들을 지키시며 당신의 일을 진행하신다. 하나님이 함께하시며 그가 땅끝까지 선교하신다.

12

떠돌이 전도자

공생애 기간의 예수 그리스도, 기독 교회사의 맨 첫 선교사 바울 등은 떠돌이였다. 특정한 공간에 머무르지 않고 이곳저곳 떠돌아다니며 하나님나라를 선포하고 복음을 전하였다.
예수님은 온 갈릴리에 '두루 다니시며'(마 4:23) 복음을 전하고 환자들을 치료하셨다. 갈릴리뿐만 아니라 북으로 두로와 시돈, 남으로 사마리아와 유대 예루살렘까지 팔레스타인 전역을 다니셨다. 당신뿐만 아니라 제자를 불러 명하여 그들에게도 곳곳을 다니며 하나님나라를 전하게 하셨다.

바울도 마찬가지다. 고향과 친척 부모 형제를 떠나, 모든 지위와 신분을 버리고 오직 하나님나라의 비전을 품고 아시아와 마게도니아, 아가야 그리고 로마까지 온 세상을 떠돌아다녔다. 바울은 예수 십자가와 부활을 전하며 죽어가는 영혼들을 살리는 일에 일생을 드렸다. 가는 곳마다 믿는 자들로 교회를 세웠다. 수없는 교회를 세웠지만, 그 자신이 그곳에 담임 사역자로 오래 머문 적은 없다. 제자들을 세워 목회하고 성도들로 스스로 교회를 이루도록 가르치고 도왔을 뿐이며 자신은 또 어김없이 다른 곳으로 발길을 옮기는 게 일생이었다.

태평양을 건너 아시아 한국에서 선교하는 이들도 그랬다. 초기엔 교회를 세우고 자신들이 담임 사역을 하며 교회를 이끌었지만, 이내 물러앉았다. 한국인 일군들이 세워지고 한국인 목사와 장로를 세워 한국인들에게 지도력을 내주었다. 선교사들이 처음에 내걸었던 네비우스 정책, 자전 자립 자치의 원칙을 성실히 이행하였다.

선교사가 시작한 교회에 한국인 담임목사가 부임하는 그 날, 자신들은 비로소 뒤로 내려앉으며 한국에서의 선교 사역의 마지막이요 선한 결과물로 영광스럽게 여겼던 게 초기 선교사들이었다. 그리고 자신들은 교회 밖(?)의 미전도 마을을 찾아 부지런히 한국의 농어촌을 찾았다.

지난 1세기 동안 한국에 와 수고하며 애쓴 2천여 명이 넘는 선교사들은 거의 다수가 한 곳에 머무르지 않았다. 이곳 저곳 떠

돌아 다니며 일하는 순회 사역자들이었다. 미남장로교 선교회가 사역했던 전라남북도 지역에서도 마찬가지였고, 목포 선교부도 그랬다.

1898년 유진 벨 선교사가 목포에 뿌리 내리며 복음을 심고 교회를 시작하였다. 곧이어 합류한 오웬, 스트래퍼 등의 수고가 더해져 목포교회는 자라며 성장하였다. 계속해서 프레스턴과 놀란에 이어 목포교회가 시작한 지 10년이 지난 즈음에는 맹현리를 비롯한 10여명의 선교사들이 목포에서 일하였다.

이미 목포교회는 장로를 배출하였을 뿐만 아니라 1909년부터는 한국인 윤식명이 담임 목사로 있었다.

독신 여성과 의사, 간호사 등 비목사 선교사는 그렇다 쳐도 목사 선교사라면 특정한 지역에서 사역하면서도 교회의 담임 목회를 버젓이 하고 싶은 게 당연한 욕구일 것이다. 그럼에도 수다한 목사 선교사들도 목포교회 담임 사역에 마음을 두지 않고, 기꺼이 지역 순회 사역자로서 충성하며 헌신하였다.

봄 가을 심방하며 성례식을

이를테면 교구 담당 심방 목사였다. 목포 사역을 거쳐간 25명의 목사 선교사 가운데 초기의 유진 벨, 오웬, 레이놀즈, 프레스턴과 해리슨 만이 한국인 지도자가 전혀 없었던 탓에 담임 사역을 했고 당회장을 맡았다. 그 이후 후배 모두는 순회 사역자 구역 담당이었고, 시골에 교회가 세워지면 한국인 목회자가 올 때까지 임시 당회장 정도였을 뿐이다.

그들은 기꺼이 순회 떠돌이 사역자로서 감사와 기쁨으로 감당했다. 목포 앞바다에 깔린 섬 지역만을 전담 순회하는 맹현리 목사로부터 해서 니스벳(유서백), 머피(민도마), 녹스(노라복), 뉴랜드(남대리), 하퍼(조하파) 등은 다 농어촌 순회 전도에 자신의 역할을 다했다.

해방 이후 들어온 목사 선교사들은 대부분 순회 전도 보다는 성경학교장 등 교사와 교수 사역에 전념하였다. 그때는 농어촌 교회들이 성장하고 시골 곳곳에도 한국인 목회자들이 부임하여 담임으로 일하고 있었기 때문이었다.

선교사들은 다른 사람, 특히 한국인 일군이 있는 교회는 자신의 발을 담지 않았다. 남의 터 위에 건축하지 말라는 가르침에도 순종했지만, 한국인 스스로의 발전을 귀하게 여겼다. 비록 자신이 씨를 뿌리고 시작한 공로가 있었어도 나중엔 그 열매를 한국인들에게 돌렸다.

한국 교회 초기 농어촌을 다니며 순회 사역하는 경우는 주로 봄 가을에 이뤄졌다. 더운 여름과 추운 겨울을 피해 선교사는 자신이 맡은 지역의 여러 마을과 교회를 일정을 잡아 방문하며 사역을 펼쳤다. 시골 마을마다에는 또한 선교사들이 직속으로 조사를 두고 관리하며 지도하게 하여 성장하는 교회들이 있었다.

조사들이 상주하며 예배 인도하고 가르친 성도들을 봄 가을로 찾아 선교사가 직접 학습 세례 문답을 하고 성례를 베풀었다. 조사나 지역 일군들이 신학교를 졸업하고 목사로 부임하기 전까지는 목사 신분으로는 선교사밖에 없을 때이니 지역 순회 담당 선교사들이 연 두 차례 찾아와 성도들을 다시 일깨우고 교회의 주요 표지인 성례를 행하였다. 선교사가 찾아와 베푸는 예배와 강론, 성례가 지역 마을 교회와 성도들에겐 벅찬 은혜요 감격이었다.

일요일 아침 교회는 생각보다 가득 찼습니다. 우리는 세례가 행해진 참 인상 깊었던 예배를 드렸고, 성찬식은 매우 인상적이었습니다. 여섯 명의 남학생, 네 명의 남자, 한 명의 여자, 두 명의 아기가 세례를 받았습니다. 모두에게 행복한 날이었습니다. 목포 출신인 권서인의 아내와 그녀의 아기도 세례를 받았습니다. 그녀는 4년 동안 세례 받기를 사모하며 공부해 왔습니다. 그녀는 기뻐서 울었습니다. 그녀는 이 섬에서 유일하게 세례를 받은 여성입니다.
다음 날에는 심사를 실시했습니다. 저는 특히 여자들에게 관심이 있었습니다. 그들은 글을 배우지는 못했지만 그들의 토속 신들을 버릴 만큼 배웠고 그리스도에 대해 이해할 수 있었으며 그를 고백하고 그를 위해 기꺼이 핍박을 견뎌낼 마음도 있었습니다. 이 섬의 마을 학교에는 세 명의 기독교인 교사가 있었는데, 이는 많은 수의 소년들이 시험을 보러 왔다는 사실을 뒷받침해 줍니다. 올 한 해 동안 거의 30명의 소년이 신앙고백을 했습니다. 시험을 보러 온 많은 소년들은 부모 모두 기독교인이 아닌 이교도 가정에서 살고 있습니다. 자녀가 부모를 그리스도께로 인도하는 사례도 많이 있습니다.

이 마을에는 매컬리 씨가 세례를 준 열여섯 살의 매우 영리한 소년이 있습니다. 그의 젊은 아내는 6개월 전에 이교도 가정에서 기독교 가정으로 시집와서 가장 공신력 있는 교리문답 시험에 합격했습니다.

쉰다섯 살의 한 여인은 문답에서 놀라운 답을 내놓았습니다. 우리는 그녀에게 믿게 된 후 어떤 축복을 받았는지 물었습니다. 그녀는 "죄 사함의 확신, 하나님의 자녀라는 확신, 성령의 은사를 받았다는 확신"이라고 대답했습니다. 그녀는 핍박을 받았지만 그녀의 믿음은 흔들리지 않았습니다. 그녀는 자신을 핍박하는 사람들을 위해 기도하고 있었습니다(에밀리 코델, 더 미셔너리, 1910년 2월).

완도 관산교회가 최병호 장로를 중심으로 성장하며 자라가면서 인근 섬에도 전도의 불길이 번졌다. 초기의 오웬 선교사가 이 섬들을 방문할 때는 배를 타고 다녔다.

육로보다는 해로를 따라 배로 가는 게 쉬운 교통수단이었으니 전라남도는 목포를 중심으로 해안가 마을이나 포구가 있는 섬

마을 교회들이 가장 역사가 오래된 게 많다.

고금도에도 순회 사역은 이어진다

지금이야 약산도나 고금도는 강진 마량에서 접근하는 게 훨씬 쉬운 위치이긴 하나 예전에 목포에서 배로 완도 본 섬을 지나 이곳 약산도, 신도, 고금도까지 가는 게 전도자의 행로였다. 맹현리 목사는 더 미셔너리 1910년 7월호에 실린 보고를 통해 "한국 남부 해안의 조약도에 한 교회가 생기더니 한 사람이 세례받기도 전에 복음의 불길이 번졌고 그들의 직접적인 결실로 인접한 두 섬에 교회가 세 개 더 생겨났다."고 하였다. 조약도의 관산(약산제일)교회로부터 이웃한 신도와 고금도에 복음이 전해져 이곳에도 믿는 자들의 모임이 이어지고 자라며 성장하였음을 말하고 있다. 오웬이 뿌리고 뒤이어 맹현리 선교사 등이 가꾸며 성례를 베푼 이야기가 조하파 선교사의 글을 통해서도 이어진다.

고금도는 가장 아름다운 곳입니다. 그곳의 산들은 소나무와 관목으로 덮여있고, 골짜기에는 군데군데의 작은 마을, 논과 보리밭이 있습니다. 그리고 이 풍경들은 섬 전역에 퍼져있는 수많은 작은 해변들과 함께 이 섬을 보기에 아름다운 섬으로 만듭니다.

온 세상이 아름다우나 인간은 추악하다는 말이 이것을 두고 한 말이 아닌가 싶습니다.
83세 노부인의 세례식이었습니다. 매컬리 선교사는 그녀를 안 지 몇 년 되었습니다. 기독교 신자로써 그녀의 삶의 열매는 마을에서도 눈에 띄었습니다. 요구되는 시험을 통화한 후에 그녀는 집에서 세례를 받았습니다. 다른 마을에서는 많은 이교도들이 예배에 참석해서 성경과 기독교 서적을 사갔습니다(조하파, 더 미셔너리, 1922년 1월).

이웃한 섬 관산의 교회에 다니며 신앙을 갖던 고금도 성도들은 이내 자신들의 섬 마을에 기도처를 세우고 후에 교회 설립까지 하였다. 고금 첫 세례자 천관숙, 학습인 천종래, 그리고 타지역에서 세례받고 이도해 온 김운찬 부부 등 13명이 관산교회에서 공식 이명하여 교회를 세웠다.
처음에는 이 섬의 덕암마을에서 시작하였기에 '덕암교회'라 하였다. 관산교회 장로인 최병호가 맹현리의 지도를 받으며 이 교회를 인도하였다. 이 교회에 공식적으로 교역자가 부임한 것은 1953년이 되어서다. 조이화 전도사가 부임하였다. 교회는 후에 농상리에 새 예배당을 짓고 1968년엔 교회 이름을 '고금중앙교회'라 하였다.
목포 선교부의 순회 사역자, 맹현리 선교사. 조사 최병호 등의 도움을 얻어 멀리 배를 타고 섬마을을 다녔다. 완도, 약산도, 신도, 고금도 그 너머까지 그 수고와 땀 덕에 생명의 은혜를 입고 있는 오늘의 섬마을 교회, 하늘의 은총이 더하여 복된 삶에 감사와 찬송을 부르면서 오래전 충성된 떠돌이 사역자의 헌신을 기억하며 되새긴다.

13

마지막 섬까지, 땅 끝까지

섬 선교의 원조로 불리우는
가슴이 불타는 맹현리 선교사
1907년 부르심 받아 목포에 부임
성질은 괴짜지만 마음이 뜨겁고
섬 선교의 사명 이글거리는 사명으로
거친 바다 넘실거리는 물결따라
이 섬 저 섬 다니며 복음 전했네

남해안 섬 구석구석 돌아다니고
여수 금오도 우학리 교회 찾아드니
교인들이 모여 찬송 부르며
방에서 마당까지 가득 메웠어라
우리 주님 만난 듯이 피로함도 잊은 채
이글거리는 가슴 밤새 부른 찬송
앞뒷산 골짜기에 메아리치고
성령의 단비로 자라는 믿음이여

(안기창, "젊음과 행복을 섬 위해").

돌산도 다음으로 여수에서는 두 번째로 큰 섬 금오도(金鼇島)는 한자 이름처럼 자라 모양의 형태를 띠고 있다. 해안선 둘레길이만 65킬로미터에 이른다. 구한말 돌산군 금오면에서 여천군에 이어 1998년 여수시에 편입되었다.

이 섬에 오래된 우학리교회는 맹현리 선교사가 찾아와 마을 젊은이들에게 복음을 전하고 가르치며 신앙 공동체를 시작하였다. 예수교회보 1911년 기사에는 3년 전에 맹목사가 이 섬에 와서 예수가 만민의 구주임을 증거하였고, 맹 선교사는 몇 차례 더 이 섬을 방문하며 성도들을 세운 끝에 교회를 시작하였다고 전한다.

이 교회의 젊은 일꾼 중 한 명인 황보익은 14세 때 선교사를 통해 예수를 믿게 되었다. 후에 그는 이웃한 섬 거금도에 이주하였고 벌교를 오가며 건어물 무역을 하다, 영흥학교를 거쳐 평양신학교를 수학하고 목사가 되었다. 고흥과 보성 지역의 목회자로 헌신하였다.

1938년 우학리교회에 이기풍 목사가 부임하였다. 그의 나이 이미 만 70 고령이요 은퇴 나이였다. 하지만 당시 순천 노회에 아무도 이 외딴 섬에 가려는 목회자가 없다 보니 한국 교회 첫 목사요 첫 선교사된 이로서 이 섬마을 교회를 찾아 또 바다를 건넜다. 그의 마지막 목회요 하늘 헌신이었다. 일제 말기 신사참배 거부하며 순교적 목회 충성하다 몸이 극도로 쇠하여지고 1942년 6월 안식하였다.

해남 반도 땅 끝에도

맹현리 선교사는 신안, 진도, 완도, 여수 지역 섬 순회 뿐만 아니라 목포 동부쪽인 해남, 영암, 강진, 장흥 등지에도 순회 사역을 하였다. 그가 맡아 수고해야 할 책임 구역이 확대되었다. 유진 벨이 1898년 목포에 복음의 깃발을 올린 이후 10여년 20여년 지나면서 그동안의 수고와 헌신이 곳곳에서 열매를 거두고 있었다. 선교사들도 더 보강되고 무엇보다 목포교회 한국인 신자들의 양적 질적 성장이 컸다. 교회 일군들과 조사들의 성장으로 목포를 비롯한 전남 서남권 일대 교회가 성립하고 자랐다. 이를 지도하고 관리할 목회자가 필요하였다. 맹현리 뒤이어 니스벳과 조하파 목사 등이 합류했지만, 성장세와 늘어난 성도들에 비해 목양자는 턱없이 부족하였다.

목포에 와 있던 목사 선교사들의 부담이 크고 일이 많아졌다. 목포교회는 한국인 목회자가 담임을 맡고 있긴 하나 그와 함께 동역할 다른 한국인 목회자는 아직 없었다. 이제 갓 평양신학교에 하나 둘 진학하며 목회자 양성이 이뤄지는 1910년대, 맹현리 목사의 심방 구역이 꽤나 넓어졌다.

그는 여수 우학리까지 다니는 수고 외에도 해남, 영암, 강진, 장흥 등지의 내륙 목회에도 심신의 수고를 다 해야 했다. 이들 지역에 있는 기존의 교회들, 선배 오웬과 프레스턴 등이 이미 세워 자라고 있던 교회들을 찾아 목양의 은혜를 베풀어야 했으니, 고스란히 그의 몫이요 책임이었다.

니스벳 선교사는 무안 함평 지역을 맡았고, 그의 후배 하퍼 선교사가 목포에 와서 둘이 함께 혹은 개별적으로 이들 목포 동부 지역 일대를 떠돌이 사역하였다.

내게 할당된 수영과 사동은 두 개에서 여덟 개의 모임 장소로 성장했다. 그곳에서 18명이 세례를 받았고, 61명이 세례 준비자가 되었으며, 3개의 교회가 세워졌다. 우수영은 전도 여행에서 가장 오래되고 가장 고무적인 장소다. 교회 출석 인원은 40명에서 170명으로 증가했고, 3명의 세례 준비자에서 41명의 세례 준비자와 12명의 세례자로 성장했다(프레스턴, 1905년 보고서).

해남 화원면과 문내면 일대는 맹현리가 목포에 오기 전에 이미 여러 교회가 있었다. 오웬과 프레스턴 선교사 등이 전도하고 심은 교회들이 성장하고 있었다. 1894년 레이놀즈와 드루가 들렀던 곳이며 1902년 오웬에 의해 본격적으로 시작된 우수영교회를 중심으로 신자들이 주변에 복음을 확산하고 곳곳에 교회를 세워나갔다.
1905년 프레스턴 선교사가 홀로 목포 선교부를 지키면서 이들 교회를 방문하며 목양하였다. 기존의 우수영교회를 비롯해서 목장교회, 예락교회, 고당교회 등이 시작되었다. 이들 교회를 순회 사역하며 목양하던 당시 맹현리는 이 고장 출신 정관진을 조사로 두고 일하였다.
해남 문내 출신의 정관진은 평양 숭실중학교를 졸업한 지식인으로서 고향 교회에서 운영하던 영명학교 교사를 지냈다. 맹현리 선교사의 부름을 좇아 조사로서 맹 선교사의 여러 선교 순회지역을 함께 떠돌며 교회를 세우고 성도들을 돌보았다. 그는 1934년 7월 1일 목포 양동교회 장로가 되었다. 조사요 장로로서 지역 전도자의 사명 따라 특별히 화원과 문내 지역의 여러 교회들을 동시에 돌보며 목회자의 빈자리를 대신하였다. 프레스턴이 언급하고 맹현리 선교사가 정관진 조사와 함께 살

폈을 초기의 사동 마을에 있는 교회는 그 뒤 흔적이 사라져 버렸다. 뱀골 마을이라 불리는 이 지역은 지금도 해남 화원면에 있는 한 마을이나 가까운 곳에 현존하는 교회와의 연속성은 보이지 않는다.

초기 큰 규모였을 목장교회도 오늘날 그 이름과 같은 교회는 존재하지만 옛 역사와의 연관성은 상당히 모호하다. 일제의 신사참배 강요와 기독교에 대한 핍박으로 성도들과 교회가 상당한 고난과 어려움에 처했으리라 짐작할 뿐이다.

한국 기독교사에 드러난 맹현리 활동

조선예수교장로회 사기. 1928년에 발행된 한국 장로교 역사의 맨 첫 공식 역사서다. 각 지역별로 초기 교회들의 성립과 그 발전 과정을 간단하게 정리한 매우 귀중한 사료다. 여기에 드러난 전라남도 교회들은 유진 벨, 프레스턴, 이기풍 목사와 변창연 장로 네 사람이 담당하여 수집하고 정리하여 담았다. 유진 벨과 오웬 등 초기의 일꾼 선교사들의 활약을 비롯하여 맹현리 선교사가 힘써 돌보며 수고한 내용도 여럿 볼 수 있다.

1917년 해남군 이진교회가 설립되다. 먼저 이 마을 하성원의 아내 박순금이 선교사 맹현리의 전도를 듣고 믿은 후 인근 마을에 성심 전도하여 신자가 증가되매

1920년 해남군 원진교회에서 예배당을 동창리로부터 다시 원진에 이설하였고, 그 때 선교사 맹현리와 조사 마서규, 김달성 등이 이어서 시무하였다.
1920년 해남군 의야리 교회가 설립되다. 먼저 선교사 맹현리가 전도인 김정윤을 파송하여 3개월간 전도하므로
1906년 장흥군 진목리교회가 성립하다. 선교사 오기원, 맹현리, 조하파 등과 조사 김성빈 등이 이어서 시무하니라.
1919년 장흥군 지천교회가 성립하다. 먼저 선교사 맹현리와 조사 김주환과 전도인 김성빈 등의 전도로(조선예수교장로회 사기).

사기에 나오는 맹현리 사역의 일부 내용이다. 해남 뿐만 아니라 장흥 강진 지역에도 기존의 교회들을 목양함은 물론 무교회 마을에는 전도하여 교회를 직접 세우기도 하였음을 알 수 있다.
맹현리는 참으로 땅끝까지 복음을 전하는 예수 제자였다. 세상 끝날까지 함께 하시겠다며 온 열방에 복음을 전하고 제자 삼으라 하셨던 주의 명령에 순종했다. 선교사 매컬리 목사는 대한민국의 맨 끝, 육지의 끝까지 그리고 바다 건너 맨 끝에 있는 섬까지 그는 참으로 수고하고 땀 흘린 전도자였다.

14

신자는 교육하라

한국에 와서 선교하는 미국을 비롯한 서양 기독교는 목사를 중심으로 한 복음 전도와 교회 사역뿐만 아니라 의사와 간호사를 파송하여 병원을 통해 질병을 퇴치하고 환자를 치료하였고, 교육 전문가를 또한 파송하여 학교를 세우고 근대 교육을 도입하였다. 미국 남장로 선교회도 호남의 5개 선교부를 중심으로 사역하면서 교회는 물론 병원과 학교 사역을 펼쳤다.

목포에도 교회와 병원 그리고 교육을 위한 남녀 학교를 세웠다. 1903년 유진 벨 선교사는 남학교를, 스트래퍼 선교사는 여학교를 책임 맡아 시작한 게 오늘 우리 고장 근대 교육의 출발이다. 이들 남녀 학교가 발전하는 과정에 늘 뒤이은 목포의 선교사들이 함께 충성하고 헌신하였다. 맹현리 선교사 역시 부부가 전도하는 일 외에도 목포 남녀학교의 발전 과정에 책임을 나눠지고 수고하였다.

목포여학교

목포여학교는 1903년 9월 15일, 스트래퍼 선교사가 초대 교장을 맡아 조긍선 교사와 함께 학생 수 명을 데리고 시작하였다. 목포에 온 최초의 여성 선교사 스트래퍼(Fredrica Elizabeth Straeffer, 서부인, 1868~?)는 1899년 내목 초기부터 목포교회의 여성과 아이들을 책임 맡았다.
목포여학교는 1910년 6월 보통과 첫 졸업생을 배출했다. 박애순, 최자혜, 박경애, 김세라 4명이었다. 박애순과 최자혜는 상급학교에 진학하였다. 박애순은 광주수피아여학교 고등과를 또한 1회 졸업, 수피아여학교 교사를 지냈다. 최자혜는 미국 유학하여 대학교 학사 학위를 받고 1928년부터 모교 정명여학교 교사를 했다. 박경애는 박화성(보등과 2회 졸업)의 친언니였고, 김세라는 졸업 직전 일찍 결혼하였다.
미 남장로교는 1909년 900불의 예산으로 여학교 교사 신축하였다. 해리슨 목사 주도로 공사하여 1912년 니스벳 교장 시기에 105평의 2층 석조건물 완성하였다.

여학교는 2년제 중등 과정 신설하였고, 78명의 여학생이 등록. 남학교 중등과정생 25명보다 훨씬 많았다.
목포여학교는 1914년 3월 중등과정 첫 졸업식을 하였으며, 학교 이름을 정명여학교로 개명하고 학제도 개편, 4년제 보통과와 4년제 고등과로 보다 진전있는 학교 체계를 갖췄다.
1920년대 이후 커밍(Cumming, Daniel James, 김아각, 1892~1971)과 하퍼(Hopper, Margaret, 조마구례, 1886~1976)가 학교를 이끌었다. 1920년 학생 수가 290명으로 크게 늘었다. 교실이 더 필요했다. 선교부는 미국 교회에 지원을 요청했고, 1923년 1월에 석조 3층 240평 새 교실을 지었다.
맹현리 선교사의 친누나 그레이스 매컬리 양의 유언에 따라 그녀의 유산 중 1만불을 가족들이 목포 학교에 기부하였다. 선교부는 이에 교사를 신축하고 그녀를 기려 '맥컬리기념여학교'라 하였다.

오래 기억되는 또 다른 날은 지난 성탄절이었다. 목포에서 기독교인들은 무리지어 성탄절 이른 아침에 캐럴을 부르면서 돌아다니는 아름다운 풍습이 있다.
그날 아침 3시에 소녀들이 나를 불러서 갈 시간이라고 말했다. 나는 날씨가 매우 춥고, 눈이 많이 쌓여서 그들에게 잠시만 기다리자고 설득하려 노력했다. 하지만 그들이 너무 가고 싶어 해서 우리는 길을 나섰다. 우리는 병원과 모든 선교사들, 목사님, 우리 교회 성도들의 집까지 가, 바로 문밖에 서서 "기쁘다 구주 오셨네"와 "고요한 밤 거룩한 밤", "그 맑고 고운 밤에"를 불렀다. 성탄절 아침에 "Joy to the World"의 선율로 잠에서 깨어나서 좋았다고 말하며 우리가 온 것을 고마워하는 기독교인들과 크게 기뻐하는 동안, 나는 그날이 아무 의미도 없는 우리 주위에 있는 군중들로 마음이 아팠다. 우리는 그들 중 많은 수가 우리를 지나가면서 "저 예수님을 믿는 사람들이 가고 있어. 그들은 행복해 해"라고 말하는 것을 들었다(조마구례, "매컬리여학교에서의 5일").

맥컬리기념여학교, 맹현리의 누나 그레이스 매컬리 양의 유산으로 1923년 지어진 목포여(정명)학교

쥴리아 마틴, 맥머피와 함께 일생을 목포에서 독신으로 지내며 교육과 전도 선교에 힘쓴 조마구례 양은 매컬리학교 교장을 지낼 당시 학생들과 보낸 성탄절의 좋은 추억을 멋지게 그려냈다. 미국 교회와 성도들의 헌신과 선교사들의 열정어린 충성과 헌신이 이 땅의 많은 젊은이에게 새 생명과 소망을 불어넣어 주었다. 그 소중한 플랫폼은 미남장로교선교회가 호남 선교부마다 세운 남녀 학교에서부터 시작되었다.

학교 사역 병행하는 맹현리 부부

맹현리 선교사 부부는 지역 순회 사역과 함께 목포 학교를 돌보기도 하였다. 몇 안 되는 선교사들로 목포의 교회와 농어촌 교회, 병원과 남녀 학교까지 그 모두를 운영하고 관리하기엔 인력이 늘 부족했다. 게다가 한 두 사람 안식년으로 공백이 생기기라도 하면 그 책임과 역할 메꾸느라 너, 나 없이 바쁘고 힘든 사역이었다.

맹현리 부부는 섬 전도 사역의 주임무 외에도 목포에 있는 학교 책임자들이 비어 있는 틈새를 늘 대신해야 했다. 이들이 사역하던 1910년대와 1920년대 남학교는 해리슨, 유서백, 버나블과 커밍 목사가 주로 담당하였고, 여학교는 유애나와 맥머피, 조마구례 등의 여성 선교사가 맡았다.

맹현리는 간혹 남학교를, 아내인 에밀리 코델은 여학교의 교사와 사감 역할까지도 하는 경우가 많았다.

매컬리기념여학교는 후에 정명학교로 이름을 바꿨다. 1938년 일제 말기 신사참배 강요에 반대하며 자진 폐교하기도 하였는데, 해방 후 다시 복교하여 오늘까지 긴 역사와 전통을 이어가고 있다.

목포남학교

1903년 9월 9일 유진벨, 임성옥, 유내춘 등이 학교를 세우기로 발기하였고, 9월 15일에 목포 남녀 학교를 동시에 개교하였다. 1906년에는 프레스턴 목사, 유내춘, 남궁혁이 교사로 학교를 이끌었다.

1907년 10월 10일 중학부 과정을 신설하였으며, 교과과정은 초등 1학년 : 성경, 국문, 한문, 습자, 2학년 : 산학, 3~4학년 : 산학, 지리. 중등과정 : 성경, 역사, 과학, 기독교 서적, 국문(한문), 작문, 음악과 미술 등이었고, 남학생은 근로 사역에 여학생은 다림질과 바느질 등의 교과 외 활동에 참여했다. 학생들은 주일 교회 출석이 의무였고, 주일 오후엔 거리 전도 활동이 필수였다.

중등 과정 15명 포함 80여 명 학생들이 1908년 가을부터 새 학교 건물에서 공부 시작하였다. 그해 10월 10일 학교 신축하였는데, 프레스턴 교장은 자기 아버지가 목회하였던 남캐롤라이나주 스파탄버그제일교회와 담임 존 왓킨스 목사 후원을 받았다. 기부금 2천 달러로 강당과 교실 2칸짜리 겸한

40*42자 규모의 석조건물, 호남의 최초 근대식 학교 건물이었다. 학교 이름을 기부자를 기려 '존왓킨스아카데미(The John Watkins Academy)'라 하였다. 이때 미국에서 교사하던 베너블(Venable, William Anderson, 위위렴, 1896~1947)을 전임교사로 청빙하였다. 텍사스주 빅토리아 출신의 베너블 선교사는 오스틴대학을 졸업하고 학교 교사로 재직중 내한하여 교육 선교하였다. 10여 년간 목포, 군산, 광주에서 남학교 교사로 충성하였다. 베너블 부부의 묘는 맹현리 고향인 채터누가의 '포레스트 힐(Forest Hills) 공원'에 있다.

목포남학교는 1911년 3월, 중등 과정 첫 졸업생을 배출했다. 1914년 니스벳 교장 시절, 목포영흥학교로 개명하였고, 학제를 4년제 초등과 2년제 중등에서 4년제 보통과와 4년제 고등과로 개편하였다.

1928년 2월 미국 한 교회가 후원한 1만 원 포함하여 2만 원으로 석조 2층 174평짜리 교실 건축하고, 3천 원을 들여 운동장을 조성하였다. 그러나 며칠 만에 그만 화재가 나 기숙사가 전소되었다. 이에 미국 스파탄버그제일교회가 재차 후원하였고, 여기에 라베넬(Mrs. H. E. Ravenel)씨가 기숙사 재건 비용 3천불을 보내줘 2층 52평의 건물을 1929년 가을 완공하였다.

일제 신사참배 반대하다 다른 기독교 학교와 마찬가지로 자진폐교하였으며, 문태학교가 대신 사용하였었다. 1952년 문태중고는 용당동으로 이전하고 영흥학교는 복교하였으며, 현재는 상동으로 이전하여 현존하고 있다.

목포 정명과 영흥을 비롯한 군산, 전주, 광주, 순천의 남녀 선교학교들은 어느덧 100년을 훨씬 넘긴 긴 역사 속에 수많은 이 땅의 젊은이들을 길러냈다.

하나님의 일하심에 순종하고 충성했던 미국 교회와 성도들, 선교사들의 헌신이 오늘의 영광과 열매로 가득하게 남아 있다. 긴 역사만큼이나 세파의 변화와 도전에 따라 입시와 외양적 결과 중심에 위협을 당하는 지금의 교육 현실이다.

과거 미션 학교를 이 땅에 세워나가던 가치와 전통을 곱씹으며 자라는 젊은 신자들에게 하늘 교육을 부르짖던 선교사들의 목소리를 새기며 보다 바람직한 하나님의 군사들을 길러내는 학교들로 발전되기를 소원해 본다.

15

목포 신학교의 출발

아침해 웃으면서 솟아오르면
종소리 크게 울려 우릴 부른다
즐거운 여름학교 믿음의 동산
주님의 귀한 말씀 배우러 가자

어릴 적 여름 성경학교 교가를 기억하는 이들이 많을 것이다. 여름 방학과 함께 시작하는 교회의 성경학교. 일반 학교는 방학했는데, 기회는 이때다 싶게 교회 주일학교가 주중학교를 연다. 아침 일찍부터 점심 무렵까지 예배와 찬송 율동 배우기, 성경 공부와 여러 활동으로 마냥 신나고 즐거웠던 3~4일간의 그 시간이 늘 그립다.

어린이들의 신앙 성장과 믿음을 북돋우기 위한 심화 집중과정이 한여름에 있었다면, 한겨울에는 어른들을 위한 학교가 한국 교회 초기에 성황했다. 한 해 농사를 열심히 하고 추운 겨울 일할 수 없어 농한기라 했던 매년 1월 즈음, 손을 놓고 있는 이들을 모아 성경 공부를 깊이 있게 하고 교회 지도자 양성을 위한 과정이 있었다.

목포 달 성경학교

대체로 한 달 동안 이뤄진다 해서 '달 성경학교'라 했다. 종래의 며칠, 혹은 1주일이나 10여 일 씩 하던 성인 대상의 '사경회'가 일반 성도들을 대상으로 했다면, 보다 집중적으로 교회 지도자를 양성하기 위한 성경 심화 학습과 전도 훈련, 교회의 운영과 목양 등에 관한 훈련으로 짜여 있었다.

목포에서는 1920년대 즈음부터 성경학원을 운영하였다.

맹현리가 주도하여 시작하고 후배인 조하퍼 선교사 등이 동역하며 목포를 중심으로 한 전남 서남권의 교회 지도자들을 양성하였다.

겨울철에는 성경 공부와 성경 학교 활동에 참여하고 있습니다. 1월에는 목포에서 한 달 동안 50명 이상의 여성과 소녀들이 성경학교에 참여했습니다. 광주에서는 거의 100명의 남성이 한 달 동안의 학습을 위해 모였는데, 그 중 1/3은 목포 지역 출신이었습니다. 그중 약 35명은 신학 1년 과정에 참여했으며, 12명 이상은 단기 교리문답 수업에 참여했습니다.

크리스마스 후에는 500명의 남성이 군산에서 열흘 동안 열린 성경 공부 과정에 등록했습니다. 목포에서는 남성을 대상으로 다음 주 화요일부터 열흘 동안의 수업이 개최되며, 이후에는 여성을 위한 비슷한 수업이 진행될 예정입니다. 광주의 학생들은 광주 성경학교를 확장하여 3개월 동안의 학기를 개최할 수 없을지 물었습니다.

물론 이는 더 많은 교사와 운영경비가 필요하게 될 것입니다. 동시에 이는 우리 한국 교회에 강하고 나이가 든 지도자를 세울 수 있는 극도로 중요한 일에 대한 기회를 세 배로 증가시킬 것입니다(조하퍼, 1930년 5월 30일).

성경 학교는 하나님의 성경 말씀을 보다 깊이있게 공부하는 게 우선이었지만, 넓게는 교회 지도자 양성 과정이었으므로, 상담, 교육, 목양 등은 물론 일반 사회에 대한 이해와 의식 제고 등 일반인으로서 시민으로서의 자각과 훈련에도 크게 기여하였다.

교회와 사회의 지도자를 배출

세상에 대한 지식과 한민족 역사와 현실에 대한 의식도 깨우치는 일이었다. 목포 달 성경학교 과정을 마친 이 중에 박복영은 대표적인 일군이었다. 교회 일군으로 길러지고 훈련되면서 나라와 사회에 대한 의식도 깨우치고, 농민들의 고단한 삶과 부조리한 현실에 대해서도 자각하며 이를 현실 사회에 반영하고자 애쓴 지도자였다.

1920년대 암태도에서 벌어진 소작 쟁의는 가장 대표적인 한국 농민 운동이었다. 부당한 지주들의 횡포에 대해 마을 농민 소작들과 함께 연대하고 운동을 벌여 효과있게 성과를 담아냈던 쟁의. 이를 이끌었던 이가 박복영이었다.

박복영은 기독교 신앙을 토대로 인적 네트워크를 형성하였다. '일심회'라는 결사 활동을 계기로 1919년 목포 독립만세 운동에도 참여하여서 감옥에 다녀오기도 했다. 1923년 암태도 청년회장을 맡아 사회운동을 시작했고, 특히 소작인회를 지원했다. 암태도에서의 그의 리더십과 역할은 이웃 도초와 자은 섬의 소작 쟁의에까지 영향을 미쳤다.

맹현리 선교사 등의 섬 전도로 인해 예수를 믿고 목포 달 성경학교까지 수학하며 신자로서 시민으로서 자각과 리더십을 길렀을 것 같다. 박복영은 농민 운동 지역 운동뿐만 아니라, 마을에 학교를 세워 후배 아이들을 지도하기도 하였다.

목포 달 성경학교에서 보고 배운 대로 자기 고향 암태 섬에서 작은 일에 충성하며 하나님나라 일군으로서의 책임과 역할에 헌신하였다.

교회와 사회의 지도자를 배출하였던 달 성경학교를 통해 특히 여성 지도자들이 훈련되었다. 이 과정을 통해 본격적인 '전도부인'이 등장한다. 한국 교회 성장사는 전도부인들의 열심과 비례한다.

무안 출신의 조경애 전도부인은 타마자 선교사의 옥중 수기에도 나온다. 고난의 시대 옥중에 갇혀서도 찬송하며 하늘 은혜를 구하는 조경애의 이야기는 오늘 우리 신자들에게 각성과 도전을 준다.

영암의 나옥매, 월출산 자락에 옥합을 깨트려 주의 향기를 드러내었던 전도사 나옥매. 신사참배 반대로 옥고도 치르고 급기야 6.25때 순교하기까지 신앙 정절 잃지 않으며 영암 곳곳에 교회 세우며 죽도록 충성했던 전도부인이다.

1. 산을 보고 강을 건너 복음 지고 가는 자야,
   신안 군도(群島) 십일 면에 십만여 명 귀한 영혼,
   이 복음을 못 들어서 죄악 중에 헤매이네.
   달려라, 그 귀한 발걸음. 전하여라, 그 귀한 복음을.
   압해 지도 도초 안좌 자은 암태
   임자 하의 비금 팔금 흑산도에 전하여라,
   그 복음을.

2. 병들어도 치료기관 자손 위해 교육기관
자동기차 통행기관 전신전화 통신기관
한 가지도 없는 섬들 무엇보고 사는지요.
달려라, 그 귀한 발걸음 전하여라,
그 귀한 복음을 증도, 고이, 병풍, 매화,
당사, 철하, 백이, 반월, 상태, 우의, 하태,
수치, 사치, 홍동, 가거도까지도 전하여라,
그 복음을

(김정순, '도서가')

신안 섬 교회의 전도부인 김정순. 그녀도 목포 달성경학교 출신이었다. 목포 앞바다 신안의 여러 섬은 물론 최서남단 가장 멀리 있는 가거도까지 섬과 섬을 다니며 전도 구령에 열정을 다하였다. 구도자의 사명과 충성, 온갖 멸시와 천대 많아도 이름 없이 빛도 없이 십자가 지고 가는 전도자의 일생, 문준경, 김정순 등 섬 곳곳의 수다한 전도자들의 삶이었다.

숱한 섬을 다니며 부르는 전도자의 노래, '도서가(島嶼歌)'는 맹현리 선교사에게 바쳐진 노래라 해도 과언이 아니다. 이역만리 미국 중산층 가정의 자녀로서 미국 교회 목사로 얼마든지 영화롭고 빛나는 일생을 보낼 수 있었다.

그럼에도 이 궁벽한 조선 땅, 그것도 전라도의 섬과 낙도를 찾아 생명의 역사 펼쳐 내었다. 그의 수고와 땀방울이 씨를 내리고 줄기를 엮어 숱한 열매 맺었으니 오늘 우리 목포와 인근 농어촌 교회의 모습이다.

맹현리 선교사 등에 의해 교회 지도자 양성하였던 성경학교는 해방 이후 고등 성경학교로, 그리고 더 나아가 신학교로 발전하였다. 종래의 한 달이나 단기 과정에서 2년, 혹은 3년 과정

목포 성경학교

의 보다 체계화된 교과 과정으로 운영되고 있다.

오랜 역사 속에 이 학교를 나온 수많은 목회자와 일군이 목포와 전남 서남권 농어촌 교회를 일으키며 교회 부흥의 원동력이 되고 있다.

16

달려라 발걸음, 전하여라 복음을

1907년 내한 선교 시작한 맹현리 선교사는 목포를 중심으로 1927년까지 20년을 사역하였다. 섬마을 곳곳을 떠돌아다니며 순회 전도 목양하였고, 영흥 정명 학교 책임과 성경학원 운영까지 그야말로 쉼없는 열정이요 충성이었다. 그의 삶을 후배 전도자 안기창 목사는 이렇게 불렀다.

맹현리 목사는 소탈하고 검소하여
한국 음식을 잘 먹으며

한국 오두막집 허리를 굽혀 들어가는
고생을 이겨 나간 소박한 삶이여
가난하고 무지한 섬 주민 위해
배와 그물, 행복, 정열을 다 바쳐서
뿌려 놓은 복음의 씨앗이
세월이 흘러 흘러 한 세기 지난 오늘
열매 영글어 섬마다 교회가 세워지니
주님 영광이 영원하리로다

(안기창, "잘 어울리며")

1907년 9월 선교사 동기로 함께 목포에 온 에밀리 코델, 34살의 미혼 아가씨였다. 8살이나 아래인 맹현리와 선교지에서 가정을 이룬 에밀리 코델은 간호사 역할을 다하였다. 가정에서는 남편을 내조하고 아이를 양육하면서 동시에 선교 사역자로서 전도 사역과 정명학교 교사와 사감 등 전천후 사역을 감당했다.

1911년 6월 25일 딸 엘리스를 낳았다. 산모 에밀리는 38살이었으니 노산이었다. 여성으로서는 너무 늦게 결혼하였고 매우 나이 들어 출산하였다. 가까스로 어렵게 얻은 무남독녀였으려나. 이후로는 자녀를 얻지 못했다.

엘리스(McCallie, Alice Cordell, 1911~?) 양은 목포에서 태어

났다. 그녀는 장성하여 두 번 결혼하였다. 첫 번째는 1935년 24살 때 아칸사스주에서 워필드 존스를 남편으로 맞았다. 그런데 5살 위인 첫 남편은 그 뒤 행적을 전혀 알 수 없다.

사망이라도 했는 지 어떤 이유인 지 모르나 앨리스 부인은 결혼한 지 2년 후 루이스라는 남자와 재혼한다. 1937년 26살 때 일이다. 엘리스는 재혼까지 했지만 역시 자녀를 얻지 못했다. 안타깝게도 맹현리 선교사의 대가 끊어져 버렸다.

고마운 사람, 그를 기억해야

맹현리 선교사 가정은 1927년 1월 미국에 돌아갔다. 아직 안식년은 남아 있었지만, 그의 목 질환이 심각했다. 선교부의 동료 의사들이 권면하여 치료와 건강 회복을 위해 선교부에서 휴가를 명했다.

그는 치료를 하고 얼마든지 다시 목포로 돌아오고 싶었을 것이다. 그런데 그에게 닥친 질병이 좀체 회복되지 않았다. 결국 그는 더 이상 선교 사역하기엔 무리라고 판단하였다. 1930년 선교사직에서 사임하였다.

미국 텍사스에 거주하며 지내던 중 갑자기 아내가 사망하였다. 에밀리 코델 선교사는 1931년 샌 안토니오에서 별세하였다. 병원에서 수술 중 생명을 잃었다. 에밀리 선교사의 사망을 접한 목포 선교부의 니스벳 목사는 그녀를 기억하며 지리산에서 애틋한 추모사를 남겼다.

끝이 없는 세월은 계속해서 흐르고
끝이 좋은 일들은 아름답게 쌓이네
힘없는 손에서 횃불 건네받으니
예수가 속량한 영혼 찾아 나서리

1907년 전주의 의료 사역에는 남자 의사가 없었습니다. 테이트 부인은 일을 훌륭하게 해내고 있었지만, 그녀의 혼자 힘으로는 감당하기 버거운 일이었습니다.

그 해 가을, 모두가 반겼고 또한 모두와 원만하게 지내는 조수가 들어왔는데 바로 에밀리 코델 양이었습니다.

목포로 옮긴 지 얼마 지나지 않아 그녀는 수개월 동안 열렬한 구혼자였던 매컬리 목사와 약혼했습니다. 두 사람은 결혼했고, 그녀는 정규 의료 업무에서 손을 뗐지만 도움이 필요한 사람들이 육체적, 정신적으로 맑은 삶을 살 수 있도록 자신의 지식과 기술을 여러 방면에서 계속 활용했습니다.

그녀는 말이 적고 상당히 내성적인 여성이었습니다. 그러나 명확한 판단력과 예리한 양심을 가지고 있었으며 필요할 때는 목소리 내는 것을 두려워하지 않았습니다.

저는 그녀를 가장 진실한 친구 중 한 명으로 꼽습니다. 이 우정이 시험대에 오를 때가 많았지만 그녀는 항상 크리스천 친구로서 진실한 모습을 보여주었습니다.

오, 이런 친구들이 있기에
사이프러스 나무 사이로 햇살이 비치네
죽음이라는 경계선 너머,
필멸의 숨결이 흐르는 땅 너머
영혼은 계속 자라고, 자라고 또 자라나지
그리스도께서 구원하신 생명들을 온전케 하시니
(니스벳, 1931년 7월 18일).

맹현리 선교사는 1945년 10월 별세하였다. 그의 나이 64세였다. 아칸소주 엘도라도 우드론 묘지에는 부부 묘가 함께 있다. 딸 앨리스는 1970년 테네시주에서 사망하였고, 채터누가의 포리스트힐즈 묘원에 누워 있다. 그녀의 재혼 남편이며 맹현리의 사위인 루이스는 1998년 조지아주에서 사망하였고 아틀란타 풀턴 묘지에 누워있다.

성경 신명기 32장 7절에는 역사에 대한 유명한 도전의 말씀이 있다. "옛날을 기억하라, 역대의 연대를 생각하라, 네 아버지에게 물으라 그가 네게 설명할 것이요, 네 어른들에게 물으라 그들이 네게 말하리로다."

오늘 한국 교회는 옛날이 없는 것처럼 달려가고 있다. 궤도를 벗어난 폭주 기관차처럼 불안하고 우려스럽다. 그럼에도 이렇다 할 성찰은 안 보인다. 역사에 대한 무지 무관심이 큰 원인 중의 하나다.

과거는 그저 과거에 묻혀 있을 뿐, 옛일을 물어보는 이도 없고 제대로 대답하는 이도 적다. 묻는 이 없는 데 대답해야 할 것 같고 찾는 이 없는 데 뭐라도 해야할 것 같았다.
등 떠밀려 코 뀐 인생이 되어, 남 하지 않는 숙제를 외로이 풀고 있다. 동역자 함께하는 이들이 더하여서 이 멋진 일들을 함께 감당할 수 있으면 얼마나 좋을까 싶다.
목포에 와서 수고하고 애쓴 선교사들이 무려 80여명이다. 그 많은 일꾼들과 내용들을 다 정리하고 풀어내야 하는데, 산더미같이 쌓여 있을 뿐 감히 엄두를 못 낸다.
2023년 2월 유진 벨 이후 두 번째로 맹현리를 내놓는다. 맹현리에 대해선 특별히 신안 진도 완도 섬에 있는 교회들과 해남 영암 강진 장흥 농어촌 지역의 교회와 지도자들이 묻고 대답하고 알아가는 일에 열심 내기를 참 소망해 본다.
목포 기독교 125년을 지나고 있다. 오늘 이 땅에 무수한 교회와 신자들이 넘치니 참 복이요 은혜이다.
하나님께 대한 감사와 영광 넘친다. 그 복된 역사, 새롭게 더해야 할 하나님나라 행전은 옛일을 새기며 기억하는 데서부터 늘 반복되어야 한다고 믿는다.
기회 되는 대로 미국의 맹현리 부부 묘를 찾아 감사의 헌화할 수 있는 때가 있기를 소원해 본다.
솔리 데오 글로리아!

이 여성들은 모두 한국에서 그리스도를 위해 열심히 일하고 있습니다. 그러므로 나는 당신에게 우리 앞마당에서 찍은 사진 한 장을 보냅니다.

가장 뒷줄 왼쪽에서 첫 번째는 광주의 그래함(Miss. Ella Graham)입니다. 그녀는 광주지역의 시골 곳곳을 다니며 여성들을 위해 일주일에 4일, 5일 동안 이루어지는 성경공부를 가르칩니다. 나는 여자들을 위해 이보다 더 훌륭하고 열심인 지역 순회사역은 본 적이 없습니다.

다음은 전주의 오스틴(Miss. Lillian Austin)입니다. 그녀 또한 한국어에 조금 더 익숙해지면 시골에서 사역을 감당할 것입니다. 그다음은 비거(Miss. Meta Bigger)인데, 우리의 새로운 사역지인 순천의 시골에서 사역을 시작하게 될 것입니다. 그리고 레티타(Letitia Swinehart)는 비록 아직 부모님과 함께 이곳에 있는 학생이지만, 이미 주일학교와 광주에서 부터 시작된 주간 모임을 도우면서 사역에 함께하고 있습니다.

뒷줄에서 마지막은 마율리(Miss. Julia Martin)인데 목포에서 지역사역을 감당하고 있습니다. 가운뎃줄에서 왼쪽부터 목포의 명애다(Miss. Ada McMurphy)입니다. 그녀는 목포 여자학교를 맡게 될 것입니다. 베커빌(Miss. Ellen Baskerville)은 중국에서 온 훈련된 간호사이며 이곳에는 휴가를 맞아 방문했습니다.

유애나(Mrs. Anabel M. Nisbet) 부인이 여성들의 호스트이며, 애나 맥퀸(Miss.Anna MeQueen)은 광주 수피아여학교를 맡고 있습니다. 콜튼(Miss.Susanna Colton)은 랭킨(Miss. Nellie Rankin)의 전주 사역을 이어 맡게 되었습니다.

맹현리(Mr. McCallie)는 혼자 가장 앞에 있습니다 (유애나, 더 미셔너리, 1912년 10월).

제2부

맹현리

글

The Missionary, July, 1908.
A Letter From Mokpo
Rev. H. D. M'CALLIE

In April I hope to take a trip to the south with Preston for about two weeks, taking my teacher with me. Though I have traveled about some, my time has not been wasted, but I have got invaluable acquaintance with the manners and customs of this people and more in touch with the situation as a whole. Too many missionaries only see their own little field. Everywhere I see the missionaries much overworked and churches crowded to suffocation.

The past year our mission has sent out about fifteen new missionaries, yet not a single new home has been built. I suppose they are experimenting to see just how many missionaries can be packed into one house. Mr. Bell has to do his studying in the living room with wife and three children. Of course he cannot do his best work under such conditions. In order to relieve the situation he has had to go down into his own pocket for over five thousand Japanese dollars. These houses at Mokpo had been vacant for two years and were in a deplorable condition, yet there was not a cent for repairs. So Mr. Preston had to

더 미셔너리, 1908년 7월
목포에서 쓰는 편지
맹현리 목사

4월에 저는 어학선생을 데리고 프레스턴 선교사[1]와 함께 약 2주 동안 남쪽으로 여행하려고 합니다. 지금까지 몇 군데를 다녀 보았는데, 허투루 보내는 시간 없이 이 나라의 예절과 풍습에 대해 귀중한 지식을 얻었고, 전반적인 상황을 더 잘 알게 되었습니다. 많은 선교사가 자신의 작은 사역 현장만 봅니다. 어디를 가나 선교사들은 과로하고 교회는 질식할 정도로 붐비는 것을 봅니다.

지난 한 해 동안 우리 선교회는 15명의 새 선교사가 부임했지만, 새 사택을 한 채도 짓지 못했습니다. 마치 한 집에 얼마나 많은 선교사가 함께 부대끼며 지내야 하는 지 실험하는 것 같습니다. 유진 벨[2]은 아내와 세 자녀와 함께 거실에서 공부해야 합니다. 물론 그런 상황에서는 사역에 온 힘을 쏟을 수 없

1)
Preston, John Fairman(변요한, 1875.4.30.~1975.6.6.). 플로리다 퍼난다나 출생. 프린스턴신학교 졸업. 1903년 11월 8일 목포 도착. 목포, 광주와 순천에서 선교. 특히 1913년 순천선교부를 개척하였다. 변요한 선교사 부부는 1946년까지 33년간 선교 사역후 은퇴. 조지아 Decatur 공원에 누워있다. 부인 애니(Annie Shannon Wiley)와의 사이에 7남매를 두었으며 그중 4자녀가 2대째 호남 선교에 헌신하였다. 1904년 서울 출생한 첫째 Samuel Rhea는 생후 5주 만인 9월 26일 사망. 둘째 Miriam Wiley는 순천 활동, 셋째 Annie Shannon은 Daniel James Cumming(김아각)과 혼인, 목포 사역, 넷째 John Fairman, Jr.는 의료선교사로 광주 활동, 다섯째 Florence Sutphen은 순천 선교.

spend his own money to make them habitable.

Dr. Birdman came out only to find no room provided, no dispensary, no assistant. I surrendered my room, as he was not well. He had to fix up a dispensary at his own expense and his breakdown was simply from overwork for the lack of a helper.

None of us mind personal hardships, but our greatest trial is to see the work hindered, cramped, often halted, for the lack of a few dollars. The Koreans are eager and anxious for instruction, but schools and teachers cost more than they can give, though they are remarkably liberal.

Every important station needs a business manager to see about property, house building, church building, schools, hospitals, etc. At present we missionaries can give less than half their time to the work they are specially prepared for. If only our missionaries could spend three-fourths of their time in instructing leaders, holding Bible classes, institutes and preaching the work would go forward with a bound.

Korea is a harvest ready for the reaping, but the people at home do not realize it. Every dollar given now will yield a thousandfold. Soon the Japanese will start schools and colleges and our chance for Christian education will be lost to a great extent. With our reinforcements we need

습니다. 이런 상황을 개선하기 위해 그는 자신의 주머니를 털어 5천 일본 달러가 넘는 돈을 마련해야 했습니다. 목포 선교부에는 2년 동안 비어있던 상태라 처참한 집들이 있지만 수리할 돈은 한 푼도 없습니다. 그래서 프레스턴은 이 집들을 사람이 살만한 곳으로 만드느라 사비를 털어야 했습니다.

버드맨 의사[3]는 묵을 방도 없고, 진료실도 없고, 조수도 없는 처지입니다. 그의 상태가 그리 좋지 못했기 때문에 제 방을 내어드렸습니다. 버드맨 선교사는 자비로 진료실을 꾸며야 했고, 몸 상태가 안 좋은 것은 단지 돕는 사람이 없어 과로한 탓이었습니다.

우리 중 누구도 개인적인 어려움은 개의치 않지만, 가장 힘든 것은 단돈 몇 푼 때문에 사역이 방해받고 제한되고 종종 중단되는 것입니다. 한국인들은 교육을 열망하고 간절히 원하지만, 학교와 교사들은, 놀라울 정도로 전문성이 떨어짐에도 불구하고 너무 비쌉니다.

모든 선교부마다 부지, 주택, 교회 건물, 학교, 병원 등을 관리할 사업 관리자가 필요합니다. 현재 선교사들이 각자의 전문

---

2)
Bell, Eugene(배유지, 1868.4.11.~1925.9.28.). 켄터키 셸비카운티 출생. 루이빌신학교 졸업. 아내 로티(Lottie Witherspoon)와 함께 1895년 4월 9일 서울 도착. 1898년 목포선교부와 교회를 시작으로 전라남도 기독교를 시작하였다. 1925년까지 사역하였으며 그의 묘는 광주 양림동산에 있다. 장녀 샬럿(Charlotte Lottie)과 사위 린튼(Linton, 인돈), 그리고 외손자 인휴, 인도아 부부까지 3대가 호남 선교에 헌신하였다.

3)
Birdman, Ferdinand Henry(1872.12.16.~?). 독일 출생. 1908년 2월 5일 내한. 1908년 11월까지 목포에서, 이후 1909년 6월까지 전주에서 의료 진료 사역하였고 그해 9월 14일 사임.

from ten to fifteen new homes. Will the church ever arise in her might, quit playing at missions, and really get down to work in earnest.

Our church at Mokpo is packed and people will soon have to be turned away, unless we enlarge. Sunday before last I was in Mr. Gale's. large new church in Seoul, seating from twelve to fifteen hundred. So many men and women come to Sunday school that the children are crowded out. There was close to a thousand adults at Sunday school that morning, and of course so many classes sitting as, close as could be packed made a perfect babel of sound. After Sunday school every one stays to church, and if you wait until after Sunday school to come to church, you may not get a seat. The church is so full that another will have to be built soon. One great trouble, in fact, is to build them fast enough.

Yesterday afternoon I was sitting here in my den when a knock came on the door and I called ***"Teureue,"*** a Japanese gentleman in the uniform of an officer stepped in and introduced himself as Mr. Muria, the Resident at Seoul. He spoke English quite well and he seemed much interested in our work, though not himself a Christian. I gave him the names of the members of our station and showed him the boys' and girls' schools and the

사역에 할애할 수 있는 시간은 전체 시간의 절반에도 못 미칩니다. 만약 선교사들이 가진 시간의 3/4만이라도 지도자들을 가르치고, 성경 공부와 강습회를 열고, 설교하는 일에 할애할 수 있다면 사역은 크게 진전될 겁니다.

한국은 추수할 준비가 된 수확기이지만 본국(미국) 사람들은 그것을 깨닫지 못하고 있습니다. 지금 드려지는 1달러는 천 배의 열매를 맺을 것입니다. 곧 일본인들이 학교와 대학을 시작할 것이고 우리가 기독교 교육을 제공할 기회는 상당 부분 사라질 것입니다.

증원이 있다면 우리는 10~15채의 집을 새로 더 지어야 합니다. 교회가 능력으로 일어나 선교지에서 놀고먹는 것은 그만두고 본격적으로 사역을 시작할 수 있겠습니까?

목포에 있는 우리 교회는 꽉 차서 확장하지 않으면 곧 사람들을 돌려보내야 합니다. 지난 주일에는 서울에 새로 지은 게일 씨[4]의 큰 교회에 갔는데, 1천2백 명에서 1천5백 명 정도 앉을 수 있었습니다. 상당히 많은 남녀가 주일학교에 참석하여서 아이들은 밀려났습니다. 그날 아침 주일학교에는 거의 천 명에 가까운 어른들이 참석했고, 당연하게도 빽빽하게 채워 앉은 사람들은 빈틈없이 왁자지껄했습니다.

4) Gale, James Scarth(기일, 1863.2.19.~1937.1.31.). 캐나다 온타리오 출생. 1888년 12월 YMCA 소속 독립선교사로 내한. 1891년 미북장로교 소속 선교사가 되었고, 미국 매코믹 신학교 졸업과 목사 안수후 재내한 선교 사역. 서울 연동교회 개척과 성서 번역, 문서 사역에 헌신.

dispensary. On leaving he gave me ten yen, five each for the schools.

The Japanese are a very pleasant people indeed when they have a mind to be so, but when they are bad, they are horrid. Our agent here, Mr. Desjoske, is exceedingly accommodating, and if he has not what we want will go all over Mokpo with us in search of it. One of the postoffice clerks is also very kind and polite, more so than the average in America.

Mokpo, 1908.

주일학교가 끝나면 그 인원 전부가 (본 예배를 위해) 교회에 그대로 머물기 때문에 주일학교가 끝난 후에 교회에 도착하면 남은 자리가 없을 겁니다. 예배당이 너무 꽉 차서 곧 다른 예배당을 지어야 할 정도입니다. 사실, 문제는 얼마나 빨리 지을 수 있느냐입니다.

어제 오후에 서재에 앉아 있는데 누군가 문을 두드리기에 "들어와"라고 했더니 장교 제복을 입은 일본 신사가 들어와서 자신을 서울 주재관 무리아(Muria)라고 소개했습니다.

그는 영어를 꽤 잘했고 기독교인은 아니었지만, 우리 사역에 많은 관심이 있는 것 같았습니다. 나는 그에게 우리 목포 선교부 직원들의 이름을 알려주고 남학교와 여학교, 진료소를 보여주었습니다. 떠나면서 그는 학교에 각각 5엔씩 총 10엔을 기부했습니다.

일본인들은 마음만 먹으면 참으로 유쾌한 사람이 될 수 있지만 악의를 품으면 끔찍한 사람들입니다. 여기 우리 대리인 데조스케(Desjoske) 씨는 매우 친절하고, 우리에게 필요한 것이 없으면 우리와 목포 곳곳을 돌아다니며 함께 그것을 찾아줍니다. 우체국의 한 직원도 미국에서 일반적으로 볼 수 있는 것보다 더 친절하고 예의 바릅니다.

목포, 1908

The Missionary, August, 1908.
Korea Notes
Extracts from a Letter of Rev. H. D. McCallie to His Father

Mrs. Junkin leaves behind her four graves. Yet bravely says she wants to give her two oldest boys to Korea, and will gladly give them up if the Master calls for them. Some at home refuse even one child. We all hate to see her go, and she will be greatly missed from our midst.

I am perfectly happy and satisfied with my lot, and even am becoming very attached to my Korean living quarters. · · · It would have been mighty nice to have joined my brothers at home in their school work, but if I had to choose a hundred times over every choice would be Korea. I love a home as much as any one, but I love Korea more.

Mr. McCutchen reports he has examined one thousand, and baptized two hundred, since last annual meeting in September. Mr. Preston only the other day visited a town for the first time, to find a company of seventy believers getting ready to build a church entirely at their own expense.

We have little time now to sow, being kept so busy

더 미셔너리, 1908년 8월
한국 노트
맹현리 목사가 아버지에게 보낸 편지에서 발췌

전킨 부인[5]은 자녀 넷을 여의었습니다. 그런데도 그녀는 용감하게 두 아들을 한국으로 보내고 싶다고 말하며, 주님이 부르시면 기꺼이 그들을 내어 주겠다고 말합니다.

단 한 명의 아이도 (선교지에 보내길) 거부하는 사람도 있습니다. 우리는 모두 그녀를 떠나 보내기 싫고, 그녀를 정말 그리워할 것입니다. 저는 제 자리에서 매우 행복하고 만족하고 있으며, 심지어 한국 거처에 대한 애착도 커지고 있습니다. - (미국) 집에서 형제들과 함께 학교생활을 했으면 정말 좋았을 테지만, 백 번을 선택하라 해도 한국이 제 선택이 될 겁니다. 누구나 그렇듯이 저도 고향 집을 사랑하지만, 한국을 더 사랑합니다. 매커첸 선교사[6]는 지난 9월 연례 집회 이후 천 명을 문답하고 이백 명에게 세례를 베풀었다고 보고했습니다.

---

5)
Mrs. Junkin, Mary Leyburn(1865.1.21.~1952.11.2.). 버지니아 출생. 남편 전킨과 함께 1892년 11월 내한 선교. 군산과 전주에서 사역.

6)
McCutchen, Luther Oliver(마로덕, 1875.2.21.~1960.11.20.). 사우스캐롤라이나 비숍빌에서 출생. 유니언신학교와 콜롬비아신학교 졸업후 1902년 11월 30일 부산 도착. 목포, 군산, 전주에서 사역.

gathering. One old lady past eighty did not know much, but when Mr. Preston asked her where she expected to go when she died, she said in trembling but triumphant tones: "I am just clinging on to my Saviour, and know I'll go to heaven." I consider myself most fortunate to enjoy such glorious opportunities as are presented in Korea today.

프레스턴 선교사는 얼마 전 처음으로 한 마을을 방문했는데, 70명의 신자가 전액 자비로 교회 건축 준비하는 것을 발견했습니다.

우리는 지금 모이기에 바빠서 씨를 뿌릴 시간이 거의 없습니다. 여든을 넘긴 한 할머니는 (성경을) 잘 모르셨지만, 프레스턴 씨가 죽으면 어디에 가시게 되겠느냐고 묻자 떨리는 목소리로 힘주어: "저는 다만 제 구주께 매달려 있으며, 천국에 갈 거란 걸 알아요."라고 말씀하셨습니다. 오늘날 한국에 주어진 이처럼 영광스러운 기회를 볼 수 있는 저는 가장 복된 사람이라 생각합니다.

The Missionary, March, 1909.
On the Korean Islands
Rev. Douglas M'Callie, Mokpo, Korea

Having just returned from a six-weeks' trip into new territory, I write to let the church know what wonderful opportunities lie before her in this country.

Any one passing by steamer from Fusan to Mokpo clearly sees why Korea is sometimes called "The Kingdom of Ten Thousand Islands." Here at Mokpo we scarcely realize that we are on the sea shore, for in every direction great mountain peaks present themselves to view. These islands have all the characteristics of the mainland, of which they evidently were once a part. Many lie so close to one another that there is a regular government ferry service.

Heretofore our forces have been utterly inadequate to even visit these islands, but for over a year Mr. Preston has carried on a work through native helpers, and has personally started a fine work on the largest, Chin Do, which has over a hundred villages.

For a week Mr. Preston accompanied me on a visit to seven of these islands. As a result of the efforts he had

더 미셔너리, 1909년 3월
한국의 섬에서
맹현리 목사, 대한민국 목포

6주간 새로운 지역을 여행하고 막 돌아온 저는 이 나라에 얼마나 놀라운 기회가 있는지 교회에 알리기 위해 이 글을 씁니다. 부산에서 목포까지 증기선을 타고 지나가는 사람이라면 왜 한국이 "일만 개의 섬 왕국"으로 불리는지 분명히 알 수 있습니다. 목포에서는 사방으로 웅장한 산봉우리가 펼쳐져 있어 이곳이 바닷가에 있다는 사실을 거의 깨닫지 못합니다.

이 섬들은 한때 본토의 일부였던 본토의 모든 특징을 가지고 있습니다. 많은 섬이 서로 너무 가까워서 정기적으로 관공선이 운행되고 있습니다. 지금까지 우리 인력이 이 섬들을 방문하는 것조차 부적절했지만 프레스턴 선교사는 1년 넘게 한국인 조사들을 통해 작업을 진행했고, 100개 이상의 마을이 있는 가장 큰 섬 진도에서 개인적으로 훌륭한 작업을 시작했습니다.

프레스턴 목사는 일주일 동안 저와 함께 이 섬 중 7곳을 방문했습니다. 그의 노력의 결실로 우리는 6개의 교회를 세웠습니다. 이 섬들은 수년 동안 로마 가톨릭의 거점이었지만 그들은 복음의 빛을 들여오기는커녕 이미 있었던 미신과 잘못된 신앙을 강화할 뿐이었습니다.

made we found six churches. For years these islands have been the stronghold of the Roman Catholics, but they have not carried in the gospel light, but only added superstition and error to that already existing. At the last annual meeting the island work was assigned to me, extending over a hundred miles west and south and about one hundred and fifty out into the Yellow Sea. The population is over a hundred thousand.

So far I have visited fourteen islands, finding three more groups of Christians. The church rolls run from thirty to several hundred, but they, of course, are very ignorant. Few have books and most are utter heathen at heart. But think what a glorious opportunity is presented to sow the seed!

In every place where there was a church I spent from three days to a week with two or three native helpers. In the morning we held Bible classes on such subjects as "God the Father," "Jesus Christ," "The Holy Spirit," "Faith," "Sin," "Repentance," etc. We had them look up the scriptural references, thus familiarizing them with God's word and then they wrote them down for future study. In the afternoons, while one or more of my helpers taught singing, I took another helper and visited all the larger villages, preaching in the market places, on the

지난 연례 회의에서 서쪽과 남쪽으로 100마일 이상, 서해까지 약 150마일에 이르는 섬 사역이 제게 맡겨졌습니다. 인구는 십만 명이 넘습니다.

지금까지 14개의 섬을 방문하여 3개의 기독교인 그룹을 더 찾았습니다. 교회 명부에 오른 교인은 30명에서 수백 명에 달하지만 대부분 매우 무지합니다. 책이 있는 사람은 거의 없고 대부분은 정신적으로 완전히 이교도입니다. 그러나 씨앗을 뿌릴 수 있는 얼마나 영광스러운 기회가 주어졌는지 생각해 보십시오!

교회가 있는 곳마다 저는 한국인 조사 두세 명과 함께 사흘에서 일주일을 사역했습니다. 오전에는 '하나님 아버지', '예수 그리스도', '성령', '믿음', '죄', '회개' 등의 주제로 성경 수업을 하였습니다. 우리는 아이들에게 성경 구절을 찾아보게 하여 하나님의 말씀에 익숙해지도록 하였고, 아이들은 나중에 공부할 수 있도록 성경 구절을 적어 두었습니다.

오후에는 한 명 이상의 봉사자가 찬양을 가르치는 동안 저는 다른 봉사자를 데리고 큰 마을을 모두 방문하여 시장, 도로, 때때로 우리가 초대받은 가정에서 설교하고 전도지를 나눠주며 복음을 전했습니다.

이런 식으로 100개가 넘는 마을에서 처음으로 복음이 선포되었습니다. 어느 곳에서나 예외 없이 우리는 예의와 친절로 대접을 받았으며 단 한 번도 모욕이나 부당한 대우를 받지 않았습니다. 이 섬 사람들의 지능과 삶의 수준은 평균 이상이라고

highway and often in the homes where We were invited, distributing tract leaflets and selling the Gospels. In this way the gospel was proclaimed for the first time in over a hundred villages. Everywhere, without exception, we were received with courtesy and kindness and not once were we insulted or mistreated.

These island people, I believe, are above the average in intelligence and wellbeing. It was a rare exception even in the remotest villages to find a man who could not read. In nearly every village we found a school with the boys diligently studying the Chinese classics. At night we held worship, so our time was well taken up.

Some at home look down on these people as "ignorant heathen." True, they are without Christ and hence without hope, but they have many noble qualities.

On the fourteen islands visited, there are now mine groups of Christians. Nine of these fourteen islands have twenty-four villages each. Everywhere the doors of opportunity are flung wide open and we have only to enter and reap a rich harvest. All glory be to the Lord of the harvest. I solicit the earnest prayers of the church for this new island work.

생각합니다.

외딴 마을에서도 글을 읽지 못하는 사람을 찾는 것은 아주 예외적인 일일 정도입니다. 거의 모든 마을에는 소년들이 부지런히 중국 고전을 배우는 서당이 있습니다.

밤 시간도 그냥 흘려 보내지 않고 예배를 드렸습니다. 일부 고국 사람들은 이 사람들을 "무지한 이교도"쯤으로 무시합니다. 맞습니다, 그들에게는 그리스도가 없기에 소망이 없습니다만 그러나 그들에게는 많은 고귀한 자질이 있습니다.

우리가 방문한 14개의 섬에는 현재 9개의 기독교인 모임이 있습니다. 이 14개의 섬 중 9개 섬에는 각각 24개의 마을이 있습니다. 어디에나 기회의 문이 활짝 열려 있고 우리는 들어가서 풍성한 수확을 거두기만 하면 됩니다.

추수하시는 주님께 모든 영광을 돌립니다.

이 새로운 섬 사역을 위해 교회의 간절한 기도를 요청합니다.

Korea Mission Field, January 1910.

WORK IN MOKPO AND THE ISLANDS

Mr. McCallie writes

The islands off South Chulla embrace four whole counties and some two hundred and thirty odd are inhabited. I estimate there are about nine hundred villages and some thirty-five thousand houses.

I have just recently made one tour of six weeks to the borders of Kyung Sang Do visiting over thirty islands, and in most making the "Good News" known for the first time, Rom. 15: 21.

With my native assistants during the past year, we have made one hundred and fifty visits to nearly ninety islands and some five hundred villages.

We distributed thirty thousand sheet tracts, and sold some five thousand volumes of literature, as New Testaments, hymn-books, Gospels, catechisms, etc.

Dr. Forsythe has been most assiduous in literature distribution, especially among the boatmen who flock into Mokpo in great numbers from all the islands and the coast counties. I have everywhere been most favorably impressed with the large opportunities, but also with the sad fact that wherever the modern trend of events has

코리아 미션 필드, 1910년 1월
목포와 섬에서의 사역
맹현리 목사 기록

전라남도 앞바다의 섬들은 4개 군을 아우르며 약 230여 개의 섬에 사람이 살고 있습니다. 약 9백여 개의 마을과 3만 5천여 채의 집이 있는 것으로 추정됩니다.

저는 최근 6주 동안 경상도 근처까지 한 차례 순회하며 30개가 넘는 섬을 방문했고, 대부분 지역은 '복음'이 처음 전파되는 곳이었습니다 (기록된 바 주의 소식을 받지 못한 자들이 볼 것이요 듣지 못한 자들이 깨달으리라 함과 같으니라, 롬 15:21).

지난 한 해 동안 저는 현지인 조사들과 함께 거의 90개의 섬과 500여 개의 마을을 150회 방문했습니다. 우리는 3만 장의 전도지를 배포하고 신약성경, 찬송가, 복음서, 교리문답서 등 약 5천 권의 소책자를 보급했습니다.

포사이드 박사[7]는 특히 모든 섬과 해안 군에서 목포로 몰려드는 뱃사람들에게 가장 열심히 쪽복음을 나눠주었습니다.

7) Forsythe, Wylie Hamilton(보위렴, 1873.12.28.~1918.5.9.). 켄터키 머서카운티 출생. 루이빌의과대학 졸업. 1904년 9월 29일 내한. 전주와 목포에서 의료 선교활동. 스프루 질환으로 1911년 귀국. 미국에서 조선 선교 후원 활동.

penetrated, the people are more difficult to reach.

In most Korean villages there is a cleared space with shade trees and number of large stones where sacrifice is offered to the Spirits. After a tiresome tramp these places are most welcome, and after a brief rest we start a rousing Gospel hymn which soon draws a crowd to whom is eached the old, old story of Jesus and His love for sinful men.

Thus we go from island to island, and village to village, and our Lord's life as he travelled among the villages of Palestine becomes more real and vivid. I celebrated the second anniversary of my arrival in Korea with my first communion service, and as I think of the holy joy and happiness of that day, I know how true is the Master's promise of hundred fold reward even in this life.

That night, as I had fallen and sprained my knee, some members of the church secured a chair and tenderly carried me down to my boat on their shoulders. Tho I left four brothers at home, I thank our Saviour for the fulfilment of his promise when he said, "There is no man that bath left house, or, brethren, or sisters, or father, or mother, or wife, or Children, or lands, for my sake and the gospel's, but, he shall receive a hundred fold ***now in this time***." Haven't I again and again everywhere go, had them offer me all they had! Nothing is too good for the

나는 어딜 가나 많은 기회를 보았고 거의 모든 사람이 복음에 호의적이라는 인상을 받았지만, 동시에 근대적 사조가 침투한 곳이라면 어디든 사람들에게 다가가기 어렵다는 슬픈 사실 또한 깨달았습니다.

대부분의 한국 마을에는 그늘을 드리우는 나무들과 큰 돌들이 있는 공터가 있는데 한국인들이 신령에게 제사를 지내는 장소입니다. 힘든 도보여행을 한 후에 다다르는 이런 장소들은 정말 반갑습니다. 잠시 휴식을 취한 후, 우리가 흥겨운 복음 찬송을 부르기 시작하면 곧 많은 사람이 모여들고, 그들은 그곳에서 죄 많은 인간을 사랑하신 예수님에 대한 아주 오래된 이야기를 듣게 됩니다.

이렇게 섬에서 섬으로, 마을에서 마을로 이동하면서 우리는 팔레스타인의 마을들을 찾아다니셨던 우리 주님의 생애를 더욱 실감 나고 생생하게 느낄 수 있습니다. 한국에 온 지 2주년을 제 첫 성찬 예배를 드리며 기념하게 되었는데, 그날의 거룩한 기쁨과 행복을 생각하면 현세에서도 백 배로 갚아주겠다고 하신 주님의 약속이 얼마나 참된 것인지 알 수 있습니다.

그날 밤, 제가 넘어져 무릎을 삐었을 때 몇몇 교인들이 의자를 구해와 저를 앉혀 그들의 어깨에 메고 배까지 조심스럽게 내려왔습니다. 나는 형제 넷을 집에 두고 떠나왔지만, "나와 복음을 위하여 집이나 형제나 자매나 어머니나 아버지나 자식이나 전토를 버린 자는 현세에 있어 집과 형제와 자매와 어머니와 자식과 전토를 백 배나 받으리라(막 10:29-30)" 하신 약속

Moksa, but it is ever the best room for him, the fattest chicken, the newest eggs and the whitest rice.

Time and again have I been fairly besought to come out and live with them.

When contemplating a dangerous trip this summer, an old grandmother above seventy years old came and laid an affectionate hand on my shoulder and urged me not to take the risk.

Thank God we have a Saviour who keeps his promises to the very letter. On one of the southern islands before I had held examinations for baptism, they had established three strong groups on two neighboring islands. Last summer a gentleman came into Mokpo from one of the islands bringing a sick wife, and while she was receiving treatment, he became interested in Christianity and was daily instructed by members of our local congregation. A short while back I visited him in his home and rejoiced to find him earnest and zealous in his new faith, and I soon look for a group there. This is only one of many instances where the medical work opens the way for the evangelistic. At one place I visited for the first time last fall, we found only a mere handful of believers meeting irregularly on Sunday in a very poor room in a small out of the way village.

To-day there is a nice building centrally located in a

을 성취하신 주님께 감사드립니다. 내가 가는 곳마다 그들은 그들이 가진 모든 것을 내게 바치지 않던가요! 그들은 목사님께 드리는 것이라면 아까울 것이 없다며 언제나 가장 좋은 방, 가장 살진 닭, 가장 신선한 달걀, 좋은 흰 쌀을 대접했습니다. 그들은 몇 번이고 내게 나와서 그들과 함께 살자고 간청했습니다.

올여름 위험할 수 있는 여행을 고민하고 있을 때는, 일흔이 넘은 할머니 한 분이 오셔서 제 어깨에 다정하게 손을 얹고 위험을 감수하지 말라고 당부하셨습니다.

약속하신 것은 일점일획이라도 끝까지 지키시는 구세주가 우리에게 있음에 하나님께 감사합니다. 남부 섬 중 한 곳에서 제가 세례 문답을 시행하기 전에 사람들은 이웃한 두 섬에 세 개의 든든한 교회를 세웠습니다. 지난여름에 어느 신사가 한 섬에서 아픈 아내를 데리고 목포로 들어왔는데, 아내가 치료받는 동안 그는 기독교에 관심을 갖게 되었고 매일 우리 지역 교회 신도들에게 가르침을 받았습니다. 얼마 전 저는 그의 집을 방문하여 그가 새로운 신앙에 진지하고 열심인 것을 발견하고 기뻤고, 곧 그 지역에 교회가 생기길 기대합니다.

이것은 의료 사역이 전도의 길을 열어준 많은 사례 중 하나일 뿐입니다. 작년 가을에 처음 방문한 한 곳에서는 소수의 신자만이 외진 작은 마을에 있는 매우 허름한 방에서 주일에 비정기적으로 모이는 것을 발견했습니다.

지금은 4개 마을이 모여 있는 중앙에 멋진 교회 건물이 있고

cluster of four villages and there are sixty on the church roll. More than numbers there is, I believe, a nucleus of real genuine repentant believers. on another island they are remodelling their third quarters within the year, capable now of seating two hundred, but each time before they can finish, it becomes entirely too small; so in another village only a mile away they are erecting a nice new church building. Everybody gets out and wor with their own hands and ***not one sen have they asked from me***. These people have entered right into the million movement and promise to put Gospel in every house next year. They have a good school of some boys. Many such instances could be related but these suffice to show how God is making the isles to rejoice, Ps. 97:1. One year ago there was only one church and less than half a dozen groups, while now there are seven churches with either baptized members or catechumens and twenty-five or more unorganized groups where they are keeping the Sabbath.

Our medical work has grown steadily and clinics now average fifty to sixty. Miss Emily Cordell has been transferred from Chunju to the medical work here.

Mr. and Mrs. Harrison, nee Miss Edmonds have come here from Kunsan. Mr. Harrison is associated in the local work with Yoon Moksa, one of our recent graduates from

교인 명부에는 60명이 등록되어 있습니다. 숫자보다 더 중요한 것은 그곳에 진정으로 회개한 신자들이 모여 있다는 사실입니다. 다른 섬에서는 올해 안에 200명을 수용할 수 있는 교회 건물을 개축할 예정이지만, 매번 완공 전에 그들에게는 너무 좁아서 1마일 떨어진 다른 마을에 멋진 새 교회 건물을 세우고 있습니다.

제게 손 벌리려는 사람은 한 명도 없이 모두 나가 손수 일하고 있습니다. 사람들은 백만인 운동에 바로 들어갔고 내년에는 모든 집에 복음을 전하겠다고 약속했습니다.

그들에게는 좋은 소년 학교 몇 곳이 있습니다. 비슷한 다양한 사례들이 있겠지만, 이것만으로도 하나님께서 이 섬들로 어떻게 기뻐하게 하시는지(시 97:1) 보여주고 있습니다. 1년 전 이곳에는 교회가 한 곳뿐이었고 그룹도 대여섯 개에 뿐이었으나, 지금은 세례교인이나 교리교육생이 있는 교회가 일곱 곳, 안식일을 지키고 있는 미조직 교회가 스물 다섯 곳 이상에 이릅니다. 의료 사업도 꾸준히 성장하여 현재 진료소가 50~60개에 이릅니다. 에밀리 코델 선교사가 전주에서 이곳으로 옮겨와 의료 활동을 하고 있습니다.

해리슨 선교사[8]와 그의 부인 에드먼즈 선교사는 군산에서 이

---

8)
Harrison, William Butler(하위렴, 1866.9.13.~1928.9.22.). 켄터키 레바논 출생. 유니언 신학교 졸업. 루이빌의과대학 수료. 1896년 내한. 군산, 전주, 목포 등 각 선교부 스테이션 구축에 힘썼다. 첫 부인 Linnie Davis는 1903년 사망하였고, 두 번째 부인 Magaret Edmunds는 캐나다 출신의 간호사로 한국 간호사 교육에 헌신하였다.

Pyeng Yang. The people as well as the foreigners are very much pleased with him. Our local congregation has grown steadily now averaging seven to eight hundred; the men alone filling the church and the women the boys' school building which has only recently been built of stone in foreign style. The congregation has enthusiastically entered the "Forward Movement" and have organized into groups of ten for personal work and house to house Visitation, Acts 5:42.

In the recent examinations thirty-six were baptized and about the same number received into the catechumenate. Branch Sunday schools are being organized and neighboring villages systematically visited. The boys school is very flourishing with one hundred and thirty-five enrolled, Sixty-three of whom work for their board. In the girls' school there are about fifty enrolled.

Our work is flourishing and the opportunities greater than ever, for all which we are most profoundly grateful to our loving Heavenly Father.

곳으로 왔습니다. 해리슨 목사는 최근 평양신학교를 졸업한 윤식명 목사[9]와 현지 사역을 감당하고 있습니다. 외국인들뿐만 아니라 주민들도 그를 매우 좋아합니다. 우리 지역 목포교회는 꾸준히 성장하여 현재 평균 7~800명이 출석하고 있으며, 남자 성도들만으로도 교회를 가득 채우고 있고, 여자 성도들은 최근에야 외국식으로 돌로 지어진 소년 학교[10] 건물을 가득 채우고 있습니다. 회중은 '전진 운동'에 열정적으로 참여하였으며, 개인 사역과 가가호호 방문을 위해 10명씩 그룹을 조직했습니다. 행 5:42.

최근 36명이 세례를 받았고 거의 같은 숫자가 교리 교육에 들어갔습니다. 지부 주일학교를 조직하고 있고 인근 마을들을 체계적으로 방문하고 있습니다.

남학교는 1백 35명이 등록하여 매우 번창하고 있으며, 그중 63명이 교육위원회에서 일하고 있습니다. 여학교[11]에는 약 50명이 재학 중입니다. 우리의 사역은 부흥하고 있으며 기회는 그 어느 때보다 더 많고, 이 모든 것에 대해 우리는 사랑의 하나님 아버지께 깊이 감사하고 있습니다.

---

9)
윤식명 목사: 강원도 철원 출생. 서울에서 언더우드 전도로 회심하였으며, 유진 벨 요리사로 목포 선교에 함께 헌신. 평양신학교 졸업후 목사가 되었으며, 1909년 9월 15일 목포교회 담임 사역으로 호남의 최초 한국인 담임목사가 되다.

10)
목포 영흥학교

11)
목포 정명학교

The Missionary, March, 1910.
Mokpo and the islands
Rev. H. D. McCallie, Mokpo, Korea

All out here enjoyed the visit of the editor and we hope it will not be the last. Mokpo soon will have a railroad to Seoul, giving us direct communication with Berlin, Paris and London, the latter reached in eighteen days, so We will not feel left out of the course of world events.

I have only recently returned from a six weeks cruise to the easternmost limit of my territory, nearly one hundred and fifty miles from here, so now there remains only a very few islands of any size yet unvisited. With my helpers during the past year we made one hundred and fifty visits to about ninety separate islands and some five hundred villages where we distributed thirty thousand tracts and over five thousand volumes of Christian literature, including New Testaments (Korean and Chinese), gospels, Old Testaments, portions, hymn books, catechisms, etc.

Dr. Forsythe has been most assiduous in literature distribution, especially among the boatmen who flock into Mokpo in great numbers from all the islands and coast counties. and thus, "The people who sat in darkness saw a great light and to them which sat in the region and

더 미셔너리, 1910년 3월
목포와 섬들
맹현리 목사, 한국 목포

여기 계신 모든 분이 편집자의 방문을 즐겼고, 이번이 마지막이 아니기를 바랍니다. 조만간 목포에는 서울로 가는 철도가 개통[12)]되어 베를린, 파리, 런던과 직접 소통할 수 있게 될 것이며, 런던까지는 18일이면 도달할 수 있어 세계의 흐름에 소외감을 느끼지 않게 될 것입니다.

저는 최근에야 이곳에서 거의 150마일 떨어진 제 구역의 가장 동쪽 끝까지 가는 6주간의 사역을 마치고 돌아왔기 때문에 이제 크기와 관계없이 아직 가보지 않은 섬은 거의 없습니다.

지난 한 해 동안 저는 제 조사들과 함께 약 90개의 섬과 500여 마을을 150회 방문하여 신약성경(한국어와 중국어), 복음서, 구약성경, 부분 성경, 찬송가, 교리문답서 등 3만여 부의 전도지와 5천여 권의 기독교 서적을 배부했습니다.

포사이드 선교사는 특히 모든 섬과 해안 군에서 목포로 무리 지어 무수히 밀려드는 뱃사람들에게 가장 열심히 문서를 보급했습니다. 그 결과 "흑암에 앉은 백성이 큰 빛을 보았고 사망의 땅과 그늘에 앉은 자들에게 빛이 비치었"(마4:16)습니다.

---

12)
목포-서울간 철도 개통은 1914년의 일이다.

shadow of death is a light sprung up."

The islands off South Chulla Province embrace four whole counties and number over two hundred and thirty with about one thousand villages and some thirty-five thousand houses. There are practically no houses outside of the villages, the largest of which has only three thousand inhabitants.

About one hundred islands have the vast bulk of the population and upon these I expect to concentrate and still futher I will take these thirty of the largest and most important for my own direct personal supervision, leaving the others to be mainly worked through helpers and in this way I believe their evangelization can be most rapidly and efficiently done. Most of the islands visited upon my last trip had never heard the "good news," and their favorable reception of us made me marvel at how wide God had flung open the door of opportunity and yet how slow we were to enter for I believe our mission started here about eighteen years ago and here were all these hundreds of thousand of people who had never heard of the Saviour who died for them. We now have just ten evangelists at work and only five with the language giving all their time to that work for a field of over three million souls. Our church must some day render an account before God for this delay. These five are Messrs. McCutchen, Earl, Bull,

전라남도 앞바다의 섬들은 4개 군 전체를 아우르며, 230여 개의 섬들에는 약 천여 개의 마을, 3만 5천여 가구가 있습니다. 마을 외에는 거의 집이 없으며, 그중 가장 큰 마을은 주민이 3천 명에 불과합니다.

약 100개의 섬에 인구 대부분이 집중되어 있으며, 앞으로 이 중 가장 크고 중요한 30개 섬은 제가 직접 감독하고, 이외의 섬은 주로 조사들을 통해 일할 예정인데, 이런 방식으로 복음화가 가장 빠르고 효율적으로 이루어질 수 있다고 생각합니다. 지난번 방문했을 때 방문한 대부분의 섬은 '복음'을 들어본 적이 없는 곳이었으며, 그들이 우리를 호의적으로 맞아주었을 때 저는 하나님께서 기회의 문을 얼마나 활짝 열어 놓으셨는지에, 그런데도 우리가 얼마나 더디게 들어갔는지에 놀랐습니다. 왜냐하면 이곳에서 우리의 선교가 약 18년 전에 시작되었음에도, 여기에는 아직도 자신들을 위해 죽으신 구세주에 대해 들어본 적이 없는 사람들이 수십만이기 때문입니다.

지금은 열 명의 전도자만이 일하고 있으며, 한국어가 가능한 다섯 명만이 인구 3백만이 넘는 이곳에서 그 사역에 전념하고 있습니다. 우리 교회는 언젠가 하나님 앞에 이 지연에 관해 설명 드려야 할 겁니다. 이 다섯 명은 매커첸, 얼[13], 불[14], 프레스

13) Earle, Alexander Miller Jr.(어아력, 1873.8.20.~1941.6.5.). 버지니아 밀데일 출생. 유니언신학교 졸업. 1904년 11월 19일 목포 도착. 전북과 충청 지역에서 순회 목회.

14) Bull, William Ford(부위렴, 1876.2.2.~1941.12.17.). 버지니아 노퍽 출생. 유니언신학교 졸업. 1899년 12월 내한하여 군산 선교.

Preston and Bell. The rest are in other work or have not yet passed the language examination. When the Spanish war call for volunteers came, thousands of our best young men rushed forward but when King Emmanuel calls only one here and there straggle forward. And yet we brag about our noble army(?) of thirty-seven at the front in Korea, counting babies and all.

The Standard Oil Company could put hundreds of our best young men in this country in a year if they so desired, but somehow oil seems of more value than souls. Pardon, pray, this digression but I believe with all my heart our people at home need to quit patting themselves on the back, get right down to serious business about evangelizing the territory assigned them and at once equip every field with a really adequate force making as they have never done before reasonable extra allowance for furloughs and deaths. Next year when Dr. Reynolds goes home Mr. McCutchen is left alone as the only active evangelist for all that great territory, for Mr. Tate does not return until fall, while Dr. Reynolds goes in March. Right here I want to emphasize the urgent need of two doctors in each station.

Only recently Mrs. Harrison was desperately ill and Dr. Forsythe greatly needed some one to consult with but Dr. Daniel was in America and Dr. Wilson taking the only

턴, 벨 선교사입니다. 나머지는 다른 일을 하고 있거나 아직 언어 시험을 통과하지 못했습니다. 스페인 전쟁에서 지원자를 요청했을 때는 수천 명의 뛰어난 젊은이들이 달려들었는데, 임마누엘 왕의 부르심에는 여기저기에서 겨우 한, 두 명만이 비틀거리며 나섭니다. 그런데도 우리는 한국 최전방에 아기까지 모두 세어 37명인 고귀한 군대(?)가 있다며 자랑하고 있습니다.

스탠더드 석유회사는 마음만 먹으면 1년에 수백 명의 우리 젊은이들을 이 나라에 투입할 수 있는데, 어찌 된 일인지 영혼보다 석유가 더 가치 있나 봅니다.

주제에서 조금 벗어난 이야기를 드려 죄송합니다만, 저는 진심으로 본국에 있는 우리 사람들이 자화자찬을 그만두고, 그들에게 할당된 지역을 복음화하기 위한 본격적인 사역에 착수해야 하며, 인원들의 휴가나 사망에 대비해서 전에 없던 상당한 추가 자원을 확보하여 하루속히 모든 분야에 제대로 된 인력을 갖추어야 한다고 믿습니다.

내년에 레이놀즈 선교사[15]가 귀국하면 그 넓은 영토에서 유일하게 활동하는 전도자로 남는 건 매커첸 씨뿐입니다. 테이트

15) Reynolds, William Davis Jr.(이눌서, 1867.12.11.~1951.10.12.). 버지니아 노퍽 출생. 유니언신학교 졸업 후 아내 팻시 볼링과 함께 1892년 11월 4일 서울 도착. 목포와 전주에서 목회. 성경번역, 평양신학교 조직신학 교수 역임.

16) Tate, Lewis Boyd(최의덕, 1862.9.28.~1929.2.19.). 미주리 캘러웨이카운티 출생. 매코믹신학교 졸업. 1892년 11월 7인의 선발대로 내한, 전주 중심으로 전라북도 순회 전도.

vacation he had during the year. When one doctor leaves on furlough the mission is badly crippled for he may have, after years of effort, built up a large work which goes to pieces in his year's absence. Then besides our stations are growing large especially in children and the foreigners take up a tremendous part of every doctor's time to the neglect of the people he comes to serve. More still our clinics are getting larger and when we have modern hospitals and dispensaries in each station the need for two doctors grows imperative.

One Sunday night this summer we went to a village about a mile from my boat and finding a public inn we commenced a song service. Before long nearly a hundred had crowded into the compound and we held a regular service just as though at home in church. For over an hour the best of order and attention prevailed and then we distributed tracts and sold books.

In most Korean villages there is a cleared space with shade trees and large stones all about where they offer sacrifices to the spirits. After a tiresome walk these places are most welcome but after a brief rest we start a rousing gospel hymn which soon draws a crowd to whom is preached for the first time the old, old story of Jesus and his love for sinful men. Thus we go from island to island and village to village and our Lord's life as he travelled

씨[16]는 가을이 되어서야 돌아오고 레이놀즈 박사는 3월에 가기 때문이죠. 바로 이 지점에서 저는 각 선교부에 두 명의 의사가 시급히 필요하다는 점을 강조하고 싶습니다.

해리슨 부인이 얼마 전에 몹시 아팠고 포사이드 박사는 의논할 사람이 절실히 필요했지만, 다니엘 박사[17]는 미국에 있었고 윌슨 박사[18]는 일 년 중 유일한 휴가를 보내고 있었습니다. 한 의사가 휴가를 떠나면 선교사역은 크게 휘청거립니다. 왜냐하면 그가 수년간의 노력 끝에 쌓아 올린 큰 업적들이 그가 없는 1년 동안 산산조각이 날 수 있기 때문입니다.

게다가 진료소가 점점 더 커지고 있고 각 선교부에 현대식 병원과 진료소가 생기면 두 명의 의사가 꼭 필요해집니다.

어느 여름 일요일 밤, 우리는 배에서 약 1마일 떨어진 마을에 가서 공공 여관을 찾아 찬양 예배를 시작했습니다. 얼마 지나지 않아 거의 100명의 사람이 여관으로 몰려들었고 우리는 집에서 교회에 모이는 것처럼 정기적인 예배를 드렸습니다. 한 시간 넘게 엄청난 질서정연함과 관심이 이어졌고 예배 후에 저희는 전도지를 나눠주고 책을 팔았습니다.

17)
Daniel, Thomas Henry(단의열, 1879.9.16.~1964.1.29.). 테네시 코빙톤 출생. 버지니아의과대학 졸업. 아내 사라 더닝턴과 1904년 9월 16일 내한. 군산, 전주, 서울 병원에서 진료 사역.

18)
Wilson, Robert Manton(우월손, 1880.1.11.~1963.3.27.). 아칸소 콜롬버스 출생. 세인트루이스 워싱턴의과대학 졸업. 1908년 2월 내한하여 광주 제중병원과 여수 애양원에서 진료 활동.

among the villages of Palestine becomes real and vivid. Again when my boatmen are toiling at the oars some dark night in a tempestuous sea and against an adverse wind, I remember him on storm-tossed Gallilee and I know he is still Master of wind and wave. Oh, it is a glorious privilege to walk in his steps and go about doing good just as he did! celebrated the second anniversary of my arrival in Korea with my first communion service and as I think of the holy joy and happiness of that day, I know how true is the Master's promise of a hundred fold reward even in this life. Though it was the first communion and there were no baptized members before. they had established three churches on two neighboring islands, two with an attendance of about twenty-five, the other with nearly ninety.

Last summer a gentleman came in from one of the islands with a sick wife and while she was being treated he became interested in Christianity and was daily instructed by members of the local congregation here. I visited him in his home a short while back and found him earnest and zealous in his new faith and I look for a group in his village before long. This is only one of the many instances where the medical work opens the way for the evangelistic and all which emphasize the need here of a modern hospital and equipment.

대부분의 한국 마을에는 나무 그늘과 큰 돌이 있는 공터가 있는데, 이곳에서 신령에게 제사를 지냅니다. 지친 걸음 끝에 이러한 장소는 정말 반갑지만, 우리는 잠시 휴식을 취한 후 흥겨운 복음 찬송을 시작하고 금세 소리를 듣고 모여드는 군중들에게 예수님의 오래된 옛이야기와 죄 많은 사람에 대한 그분의 사랑을 처음으로 전해 줍니다. 그렇게 우리는 섬에서 섬으로, 마을에서 마을로 옮겨 다녔고 팔레스타인의 마을을 여행하시던 주님의 삶은 현실적이고 생생하게 다가옵니다.

뱃사공들이 어두운 밤 폭풍우가 몰아치는 바다에서 역풍을 맞으며 노를 젓고 있을 때, 나는 폭풍우가 몰아치는 갈릴리 바다 위의 주님을 기억하며 그가 여전히 바람과 물결의 주인이심을 압니다. 주님의 발자취를 따르면서 그 분께서 하셨던 것처럼 선을 행한다는 것은 참으로 영광스러운 특권입니다! 첫 성찬식을 거행하며 제 한국 도착 2주년을 기념했는데, 그날의 거룩한 기쁨과 행복을 생각하면 이 세상에서도 백배의 상을 주겠다는 주님의 약속이 얼마나 참된 것인지를 알 수 있습니다.

첫 성찬식이었고 그전에는 세례를 받은 교인이 없었지만, 그들은 인접한 두 섬에 세 개의 교회를 세웠고, 두 교회에는 약 25명이, 다른 한 교회에는 거의 90명이 출석하고 있었습니다.

지난 여름에 어느 신사가 아픈 아내를 데리고 한 섬에서 왔는데, 아내가 치료를 받는 동안 기독교에 관심을 갖게 되었고 매일 이 지역 교회 성도들의 가르침을 받았습니다. 얼마 전 그의 집을 방문했을 때 그가 새로 갖게된 신앙에 대해 진지하고 열

May God put it upon the heart of some one at home to give the needed seven thousand dollars.

Groups are springing up so fast on every side that it is becoming very difficult to visit and instruct them all. Through the generosity of one of the single ladies at our station I have just bought a house and lot on one of the largest islands west of Mokpo and soon a colporter with his family will go there to live. By ferry and frequent boats he will be in easy communication with a large number of important islands. In the spring I hope to put another man to live down among the large Northern group of islands.

Last year I had one church and less than a half dozen groups while now on the islands there are seven churches and at least twenty-five groups where they are keeping the Sabbath. Next year in connection with the million for all Korea, I am asking for ten thousand and one. hundred groups.

The far eastern part of my territory is the most neglected but at the extreme limit one hundred and fifty miles from Mokpo, I have a group and this summer it took me nineteen days to get there in my sail boat. I have some large important islands far out in the sea that I will probably never be able to reach in a sailboat.

With a territory two hundred miles east and west and the

심인 것을 발견했고, 저는 그의 마을에 곧 교회가 생기기를 기대합니다. 이것은 의료 사역이 복음 전도의 길을 열어주는 많은 사례 중 하나일 뿐이며, 이 모든 것이 이곳에 현대식 병원과 장비가 필요하다는 분명히 보여줍니다. 하나님께서 고국에 있는 누군가에게 이 사역에 필요한 7천 달러를 헌금할 마음 주시기를 기도합니다.

여기저기서 모임들이 너무 빨리 생겨나서 그들을 모두 방문하고 가르치기가 매우 어려워지고 있습니다. 우리 선교부의 독신 여성 중 한 사람의 관대한 후원 덕택에 저는 얼마 전 목포 서쪽의 가장 큰 섬 중 하나에 집과 부지를 사들였고, 조만간 권서인 한 명이 그의 가족과 함께 그곳으로 이주할 예정입니다. 페리와 수시로 운항하는 배를 통해 그는 많은 중요 섬들과 쉽게 소통할 수 있을 것입니다. 봄에는 큰 북부 군도에 또 한 사람을 내려보내 거기서 살도록 했으면 합니다.

작년에는 교회가 한 곳, 모임은 대여섯 개에 불과했지만, 지금은 섬에 일곱 개의 교회와 최소 스물다섯 개의 모임이 주일 예배를 드리고 있습니다. 내년에는 백만인 구령 운동의 일환으로 만 명과 백 개의 그룹을 목표로 하고 있습니다.

제 관할 지역의 가장 동쪽은 가장 소외된 곳이지만, 목포에서 150마일 떨어진 그 극단 지점에도 모임이 하나 있고 이번 여름에 돛단배를 타고 그곳에 도착 하는 데 19일이 걸렸습니다. 돛단배로는 절대 갈 수 없는 크고 중요한 섬들이 저 먼바다에 몇 개 있습니다.

same north and south and two hundred and thirty-five inhabited islands, I am in sore need of a swifter, more certain means of locomotion than a sailboat.

A small steamer is much needed for it would serve not only among the islands but in keeping in closer touch with our sea coast stations for soon there will be three and in running up the river to Kwangju junction.

A gasoline boat would perhaps be cheaper but more dangerous. A steamer to cost about twenty-five hundred gold would be better as coal can be secured reasonably cheap now. This meets with the approval of our station and will no doubt commend itself to the mission.

The growth among the islands is truly marvelous and here is an opportunity of a life-time to invest wisely and lay up treasure in heaven.

동서로 2백 마일, 남북으로도 그만큼 뻗어있고 235개의 유인도가 있는 구역을 맡은 제게는 돛단배보다 더 빠르고 확실한 이동 수단이 절실히 필요합니다.

섬들 사이를 오갈 뿐만 아니라 곧 세 개가 될 우리 해안 지부들과 긴밀한 연락을 유지하고 또 강을 거슬러 광주 분기점까지 운행 할 수 있는 작은 증기선 하나가 절실합니다.

휘발유 배는 아마 더 저렴하겠지만 더 위험할 것입니다. 지금 석탄을 상당히 싸게 확보할 수 있으니 금화 약 2천 5백 냥짜리 증기선이 더 나을 듯합니다.

이것은 우리 선교부도 승인한 사안이며 의심의 여지 없이 선교사역에도 큰 도움이 될 것입니다.

섬들 사이의 성장은 정말 경이롭고 지금이야말로 지혜롭게 투자하여 하늘에 보물을 쌓을 수 있는 일생일대의 기회입니다.

The Missionary, July, 1910.
The Korea island field
Rev. H. D. McCallie

Several years ago a group sprang up on Cho Yok Do down on the southern coast of Korea and before a person was baptized the gospel fire spread and three more groups on two neighboring islands sprang up as a direct result of their efforts. One of these churches has about sixty men and forty women attending and there is not an unbelieving house in the whole village. The parent church now has eleven baptized members, forty-five catechumens and fifty or more seekers, and those attending but not yet admitted to the catechumenate.

Only three miles west of Mokpo, with a ferry to the mainland, is the large island of Aphaido, but January 27th of this year marked the first visit of a Protestant evangelical missionary. We visited nearly every village, but only in one found we a few believers. Since then native helpers and volunteer workers from the Mokpo church have made repeated visits and Dr. Forsythe fairly flooded the island with tracts. Now there are churches in three widely scattered villages and hardly a village but has some believers.

One year ago only three islands had been visited by a

더 미셔너리, 1910년 7월
한국 섬 사역지
맹현리 목사

몇 년 전 한국 남부 해안의 조약도[19]에 한 교회가 생기더니 한 사람이 세례를 받기도 전에 복음의 불길이 번졌고, 그들의 노력의 직접적인 결실로 인접한 두 섬에 세 교회가 더 생겨났습니다. 이 교회 중 한 교회에는 남자 60여 명과 여자 40여 명이 출석하고 있으며 마을 전체에 믿지 않는 집이 없습니다. 모교회에는 현재 세례교인 11명, 교리문답자 45명, 구도자(예비교인) 50여 명, 그리고 출석은 하지만 아직 교리문답에 참가하지 않은 사람들이 있습니다.

육지와 섬을 잇는 배편으로 목포에서 서쪽으로 겨우 3마일 떨어진 곳에 큰 섬 압해도[20]가 있는데, 올해 1월 27일에서야 개신교 복음주의 선교사가 그곳을 처음 방문했습니다. 저희는 거의 모든 마을을 방문했지만 단 한 곳에서만 소수의 신자를 보았습니다. 그 후 목포교회의 현지인 조력자들과 자원봉사자들이 반복해서 방문했고, 포사이드 선교사는 전도지를 섬 전체에 뿌렸습니다. 지금은 넓게 흩어져 있는 세 마을에 교회가 있고, 신자가 없는 마을은 찾아보기 힘들 정도입니다.

---

19) 전라남도 완도군 약산면
20) 전라남도 신안군 압해읍

Protestant missionary and there was only one church and perhaps a half dozen groups, but up to the present nearly ninety islands and some five hundred villages have heard the gospel and there are three churches with baptized members, four more with only catechumens and about twenty-five groups where they are worshipping on the Sabbath.

Last year we distributed thirty thousand tracts and some five thousand volumes of other Christian literature were sold. I have recently ordered thirty thousand gospels, forty thousand tracts, five thousand hymn books, hundreds of New Testaments and several thousand volumes of other like nature.

In connection with the "million souls for Jesus" this year in all Korea we are asking for ten thousand among the islands. Pray that the people who have sat in darkness and in the shadow of death may see a great light. I have only been able to give a few samples of the awakening among the islands and of the wonderful outpouring of the Spirit.

When God is so richly blessing the work here may not the people at home ever bear us up before the throne of grace in prayer and pour forth liberally of their means that the work may go forward.

Our force is utterly inadequate and it seems strange that volunteers don't fairly rush over one another to get

1년 전만 해도 개신교 선교사가 방문한 섬은 세 곳뿐이었고 교회는 한 곳, 그룹은 대여섯 개에 불과했지만, 그 이후로 현재까지 거의 90개의 섬과 500여 개의 마을이 복음을 들었고 세례교인이 있는 교회가 세 곳, 교리문답자만 있는 교회가 네 곳, 안식일(주일)에 예배를 드리는 그룹이 약 스물다섯 곳에 이릅니다.

작년에 저희는 3만 장의 전도지를 배포했고 약 5천 권의 다른 기독교 서적을 판매했습니다. 저는 최근에 복음서 3만 권, 전도지 4만 장, 찬송가 5천 권, 신약성경 수백 권, 기타 기독교 서적 수천 권을 주문했습니다.

올해 한국 전역에서 진행되는 "예수님께로 백만 영혼 구령 운동"과 연계하여 우리는 섬들 가운데서 만 명을 구하고 있습니다. 어둠과 사망의 그늘에 앉아 있는 사람들이 큰 빛을 볼 수 있도록 기도해 주세요.

저는 섬들 사이에서 일어난 각성과 성령의 놀라운 부으심에 대해 몇몇 사례만을 전할 수 있었습니다.

하나님께서 이곳의 사역을 이토록 풍성하게 축복해 주시는 때에, 고국의 사람들이 기도로 은혜의 보좌 앞에 우리를 붙들어 주시고 가진 것을 아낌없이 부어 주셔서 사역이 진전될 수 있도록 도와주셔야 하지 않겠습니까?

저희의 인력은 턱없이 부족한데 자원자들이 이렇게 좋은 기회가 있는 곳으로 오려고 서로 서두르지 않는 것이 이상하게 느껴집니다. 우리는 세 명의 새로운 의사, 일곱 명의 새로운 전

to a place where the opportunities are so great. We are pleading for three new doctors, seven new evangelists three teachers, five or six single lady evangelists and three trained nurses. when the wide flung doors shall close we know not, so let us make haste to enter in.

도자, 세 명의 교사, 대여섯 명의 독신 여성 전도자, 그리고 세 명의 훈련된 간호사를 간청하고 있습니다.

활짝 열린 문이 언제 닫힐지 우리는 알지 못하니 서둘러 들어갑시다.

The Missionary, July, 1910.
An island harvest field
Rev. H. D. McCallie, Mokpo, Korea

In November, 1909, Rev. J. F. Preston and I visited a group of islands to the west of Mokpo. We were the first protestant missionaries to visit the people on these islands.

For a year Mr. Preston had been carrying on a work through native colporteurs, and as a result we found some half dozen groups of believers, but only three of these groups are worshiping regularly on the Sabbath. Later I made a second visit to these groups, holding Bible classes in each place where there were believers.

This work has since been followed up by repeated visits made by myself and native helpers. Our first Bible class meeting was held in a small out of the way village in very poor quarters, with an average attendance of only three.

At this same place we now have a congregation of over forty, worshiping in a nice Korean building, beautifully located in a cluster of four villages, nestling in the shadow of a high mountain.

The women are so timid that they have not attended the

더 미셔너리, 1910년 7월
어느 추수밭 섬
맹현리 목사, 한국 목포

1909년 11월, 프레스턴 목사님과 저는 목포 서쪽에 있는 군도를 방문했습니다. 우리는 이 섬의 주민들을 방문한 최초의 개신교 선교사였습니다.

프레스턴 씨는 1년 동안 한국인 권서인을 통해 사역을 계속해왔고, 그 결과 여섯 개 정도의 신자 모임을 발견했지만, 이 중 세 그룹만이 주일에 정기적으로 예배를 드리고 있었습니다. 나중에 저는 이 그룹들을 두 번째로 방문하여 신자들이 있는 곳마다 성경 공부 모임을 열었습니다.

이후에도 저와 한국인 조사들이 반복해서 방문하면서 이 사역을 이어가고 있습니다. 첫 번째 성경 공부 모임은 낙후된 구역에 있는 작은 외딴 마을에서 평균 참석자 3명으로 시작했습니다. 바로 이 장소에서 이제 우리는 40명이 넘는 신자들이, 높은 산 그늘에 자리 잡은 4개의 촌락 가운데 절묘하게 위치한 멋진 한국식 건물에서 예배를 드리고 있습니다.

여성들은 너무 소심해서 아직 모임에 참석하지 않았지만, 여성들을 위한 별도의 방이 마련되어 있으므로 타고난 소심함을 극복하고 예배에 참석할 수 있기를 기대하고 있습니다.

1년 전 다른 한 섬에는 15명이 평균적으로 성경 공부 모임에

meetings as yet, but as there is a separate room for them, we are expecting them to overcome their natural timidity and attend the services.

On another island a year ago there was an average attendance of fifteen. Now in the same village we have a nice church building seating over a hundred, and though recently completed, it is insufficient to accommodate the people, and a second place of worship has been opened in a village two miles away.

At the latter place my helper reports an attendance of sixty at the last meeting. Half way between these villages is another large village, where a number of believers who do not find room in either of the two churches mentioned above, desire to start another church. Our plan is to encourage the enlargement of the churches and not multiply the number of small churches in villages that are near together.

참석했습니다. 지금은 같은 마을에 백 명이 넘는 사람들이 앉을 수 있는 멋진 교회 건물이 있지만 최근에 완공되었음에도 모든 사람을 수용하기에는 부족하여 2마일 떨어진 마을에 두 번째 예배당이 문을 열었습니다.

그 두 번째 예배당에는 지난번 집회 때 60명이 참석했다고 제 조사가 보고했습니다. 이 두 마을의 중간쯤에는 또 다른 큰 마을이 있는데, 앞서 말씀드린 두 교회에서 자리를 찾지 못한 많은 신자가 또 다른 교회를 개척하기를 원하고 있습니다.

우리의 계획은 교회의 대형화를 장려하고 서로 가까운 마을에는 작은 교회의 수를 늘리지 않는 것입니다.

The Missionary, November, 1910.
Forty miles from Mokpo
Mrs. Emily Cordell McCallie

During the summer, notwithstanding it was the rainy season, Mr. McCallie and I made a trip to our island work. We were gone about twenty-five days. While Mr. McCallie was visiting the churches, holding examinations, etc. I remained most of my time on the boat, receiving the strangers and Christians that came, conducting classes, and, with my helper, giving them the gospel story. On my former trip I did not take medicines with me, but on this trip I provided myself with simple remedies. The island people, especially the women, find it very difficult to get to Mokpo. The remedies of the native doctors are usually harmful.

Among the people who came to me was a little lame boy, suffering from the effects of a rusty needle stuck into and around his knee in as many as twelve different places. There were as many discharging sores to be dressed. Dreadful remedies are usually put on wounds which usually make them worse. A hot iron is a favorite remedy. One woman came to me whose back had been thus dreadfully burned. Toothache is said to be caused by a worm at the base of the tooth, and the tooth is treated

더 미셔너리, 1910년 11월
목포로부터 40마일 떨어진 곳에서
에밀리 코델 선교사

여름 동안, 장마철이었음에도 매컬리 씨와 나는 섬 사역을 위해 여행했습니다. 약 25일 정도 다녀왔습니다. 맥컬리 씨가 교회를 방문하고 심방을 하는 동안 저는 대부분 시간을 배에 남아서 찾아오는 불신자들과 기독교인들을 영접하고, 수업을 진행하였으며, 조사와 함께 그들에게 복음을 전했습니다.

이전 여행에서는 약을 가져가지 않았었는데 이번 여행에서는 간단한 의약품을 준비했습니다. 섬 주민들, 특히 여성들은 목포까지 가는 것이 매우 어렵습니다. 현지 의사들의 치료법은 보통 해롭습니다.

저를 찾아온 사람 중에는 녹슨 침이 무릎 안팎에 열두 군데나 꽂혀서 부작용으로 고통스러워하는 절름발이 소년도 있었습니다. 드레싱을 해야 할 진물이 나는 상처가 많았습니다.

이 끔찍한 치료법들은 주로 상처 부위에 사용되어 상처를 악화시키는 경우가 많습니다. 뜨거운 인두로 지지는 것이 자주 사용되는 치료법입니다.

한 여성은 등에 끔찍하게 화상을 입은 채 저를 찾아왔습니다.

이들은 치통이 치아 뿌리에 벌레가 있어서 발생한다고 생각하고 그에 따라 치아를 치료합니다.

accordingly. During the twenty-five days of our trip I held seventeen clinics and saw three hundred and eighty-two patients.

Some of the common diseases among these people are skin diseases, eczema, lacquer poisoning, etc. The women suffer a great deal from sore eyes, caused by the smoke from their open fireplaces, where they cook.

We are called upon to treat cuts and sores, malaria and aching teeth I have even learned to pull teeth, Through the medical work we reach many who otherwise would not be attracted to us, The readiness with which the people come, and the kind of faith they have in a stranger, is surprising.

The Koreans are very curious people, and do not think it necessary to hide their curiosity, but come to us saying, "We have come sight seeing." This spirit of curiosity makes It easy to reach the people. On our arrival at one island the women often come in crowds to the boat and wait their turn.

In their own little one or two room mud huts there Is no furniture, such as we have only boxes, more or loss elaborate, for putting away clothes. They eat upon a small table about one or two feet high, and sleep on their warm floors.

My clothing very much pleased the women, and I have had to explain more than once that my dress fastened in the back. My comb and brush, mirror (some of the

25일간의 여행 기간에 저는 열일곱 차례 진료소를 운영하며 382명의 환자를 진찰했습니다. 이 사람들에게 흔한 질병은 피부병, 습진, 옻 중독 등입니다. 여성들은 요리할 때 사용하는 아궁이의 연기로 인한 눈의 통증 때문에 큰 고통을 겪습니다. 상처와 궤양, 말라리아, 이가 아픈 환자들을 치료해달라는 요청을 받기도 하는데, 저는 이빨을 뽑는 법도 배웠습니다.
의료 활동을 통해 우리는 다른 방식이었다면 우리에게 매력을 느끼지 못했을 많은 사람에게 다가갑니다. 우리에게 다가오는 사람들의 준비된 태도와 낯선 이방인에게 보이는 그들의 신뢰는 놀라울 정도입니다.
한국인들은 호기심이 많은 사람이며, 호기심을 숨기려 하지 않고 "구경하러 왔다"라고 말하며 우리에게 다가옵니다. 그들의 이런 탐구 정신 덕분에 그들에게 쉽게 다가갈 수 있습니다. 우리가 한 섬에 도착하면 여성들은 종종 떼를 지어 배에 와서 자신들의 차례를 기다립니다.
그들의 작은 방 한두 칸 짜리 진흙 오두막에는 우리처럼 가구가 없고, 옷을 넣을 수 있는 다소 정성 들여 만든 상자만 있습니다. 그들은 1~2피트 높이의 작은 테이블 위에서 식사하고 따뜻한 바닥에서 잠을 잡니다.
여성들은 제 옷을 매우 마음에 들어했고, 저는 제 드레스는 뒤에서 여미게 되어 있다고 여러 번 설명해야 했습니다. 제 빗과 붓, 거울(거울을 본 적이 없는 여자들도 있음), 시계, 침대, 밥을 먹는 접이식 테이블, 접시, 나이프, 포크 등 모든 것을 그들

women have never seen themselves in a mirror), clock, bed, folding table on which we eat, dishes, knives and forks, all are very Interesting to them.

One day some women came to the boat when my dinner was ready. I told them they might sit down and watch us eat, which they gladly did, though it was strange to see a man and woman eating together, and that we did not use chopsticks. More than five hundred women visited me on the boat.

The old women who are Christians are especially interesting. The faith of women past seventy who have only known Christ a few years makes one rejoice in the power of the gospel. I met one bright-faced old woman, who sang from memory and with zeal, every hymn announced at the service. At another place two old Christian women gave us a most joyful greeting.

In that village there are five Christian women with no church near them. One white-haired old woman told us that while she could not read and knew but little, she did know Christ was her Saviour. On our return to Mokpo we found how important it is that we have wind and wave in our favor.

When we were one hundred and fifty miles from home we had to leave the boat and take a steamer. When the editor next comes to Korea he must certainly join us on one of our island trips.

은 무척 신기해 했습니다.

어느 날 저녁 식사가 준비되었을 때 몇몇 여성들이 배로 왔습니다. 나는 그들에게 앉아서 우리가 식사하는 것을 지켜봐도 좋다고 말했고, 그들은 기꺼이 그렇게 했습니다. 비록 그들에게는 남녀가 함께 식사하는 모습이나 젓가락을 사용하지 않는 것을 보는 것이 낯설겠지만 말이죠. 500명이 넘는 여성들이 배에 있는 저를 찾아왔습니다.

특히 크리스천 할머니들께 특히 관심이 갔습니다. 그리스도를 안 지 몇 년밖에 되지 않은 칠십이 넘은 할머니들의 믿음은 보는 이로 하여금 복음의 능력에 기뻐하게 합니다. 저는 밝은 얼굴의 한 할머니를 만났는데, 그 할머니는 예배에서 부른 모든 찬송가를 기억하고 열정적으로 불렀습니다.

또 다른 곳에서는 두 명의 나이 든 크리스천 여성이 저희를 아주 반갑게 맞이해 주셨습니다. 그 마을에는 크리스천 여성이 다섯 명 있는데 근처에 다닐 교회가 없습니다. 한 백발의 할머니는 글을 읽지도 못하고 아는 것도 거의 없지만 그리스도가 자신의 구세주라는 것은 알고 있다고 말했습니다.

목포로 돌아오는 길에 우리에게 바람과 파도가 있다는 것이 얼마나 중요한지 알게 되었습니다. 집에서 150마일 정도 거리에서 우리는 배에서 내려 증기선을 타야 했습니다.

다음에 편집장이 한국에 오면 꼭 우리 섬 여정에 동참해야 겠습니다.

The Missionary, December, 1910.
Among the Korean islands
Mrs. Emily Cordell McCallie

[We are pleased to receive from Mrs. McCallie a letter giving an account of an itinerating trip made by. Rev. H. D. McCallie and Mrs. McCallie. The dally account of the experiences gives a delightful first-hand view of this very interesting and greatly blessed island work of our Korean Mission. - EDITOR.]

We left Mokpo on a Saturday morning for an island twenty-five miles distant, which we reached in a sail of six hours. A walk of half a mile brought us to the Korean village, located in the midst of the barley and rice fields and surrounded by the mountains. The people of this island first heard of Christ three years ago.

We found a comfortable stopping place in the women's part of the local church. We were glad that provision had been made in this church for the women, for it is against all Korean custom to think of or provide for the women. While Mr. McCallie was examining candidates, many women and little children came to me.

The girls brought their hymn books and took great delight in

더 미셔너리, 1910년 12월
한국 섬들 가운데에서
에밀리 코델 선교사

[우리는 맹현리 부인으로부터 맹현리 목사와 부인의 순회 여정을 담은 편지를 받게 되어 기쁩니다. 그 경험을 담은 매일의 기록은 우리 한국 선교부의 매우 흥미로우면서도 축복이 넘치는 섬 사역에 대해 유쾌하고 직접적인 시선을 선사합니다. – 편집자]

우리는 토요일 아침 목포를 떠나 25마일 떨어진 섬으로 향했고, 6시간 동안 항해해 도착했습니다. 0.5마일을 걸어가니 보리밭과 논밭 한가운데 산으로 둘러싸인 한국인 마을이 나왔습니다.

이 섬 사람들은 3년 전에 처음 그리스도에 대해 들었습니다. 우리는 지역 교회의 여신도실에서 편안하게 쉴 곳을 얻었습니다. 여성을 배려하거나 돌아보는 것은 한국의 풍습에 어긋나는 일이었기에 우리는 이 교회에 여자들을 위한 공간이 마련되었다는 사실에 기뻤습니다.

맹현리 목사가 세례 지원자에 대해 문답을 하는 동안 많은 여인과 아이들은 저를 찾아왔습니다. 여자아이들은 찬송가 책을 가져와서 자신이 얼마나 잘 읽고 노래할 수 있는지 보여주며 매우 즐거워했습니다.

showing me how well they could read and sing. A still greater joy was to know that they could read their Bibles. I was surprised to find a number that could read, there being no girls' school on the island.

Their answer to my inquiry was that their fathers and my helper, whom I had sent here for several weeks, had taught them. On Sunday morning the church was quite full. We had a deeply interesting service, in which there were baptisms, and the communion service was very impressive.

Six school boys, four men, one woman and two babies were baptized. It was a happy day for all. The colporteur's wife, formerly of Mokpo, was baptized, as also her baby. For four years she has longed to be baptized and has been studying. She cried for joy. She is the only baptized woman on this island.

The following day was used in conducting examinations. I was especially interested in the women. They had not been taught to read, but they had learned enough to put away their heathen gods and could understand about Christ and were willing to confess him and endure persecution for his sake.

The village school on this island has three Christian teachers, which explains the fact that a large number of the boys came up for examination. During the year nearly thirty of the boys had made a profession of faith. Many of the boys who came for examination live in heathen homes, neither of the parents being Christians. There are many instances of children leading their

더 큰 기쁨은 그들이 성경을 읽을 수 있다는 사실이었습니다. 섬에 여학교가 없는데도 글을 읽을 수 있는 여자아이들이 있다는 사실에 놀랐습니다. 제 질문에 그들이 대답하기를, 제가 몇 주 동안 이곳에 파견한 그들의 아버지와 제 조사에게서 배웠다고 했습니다.

일요일 아침, 교회는 꽤 가득 찼습니다. 우리는 세례가 행해진 참 인상 깊었던 예배를 드렸고, 성찬식은 매우 인상적이었습니다. 여섯 명의 남학생, 네 명의 남자, 한 명의 여자, 두 명의 아기가 세례를 받았습니다. 모두에게 행복한 날이었습니다.

목포 출신인 권서인의 아내와 그녀의 아기도 세례를 받았습니다. 그녀는 4년 동안 세례받기를 사모하며 공부해 왔습니다. 그녀는 기쁨의 눈물을 흘렸습니다. 그녀는 이 섬에서 유일하게 세례를 받은 여성입니다.

다음 날에는 심사를 실시했습니다. 저는 특히 여자들에게 관심이 있었습니다.

그들은 글을 배우지는 못했지만 그들의 토속 신들을 버릴 만큼 배웠고 그리스도에 대해 이해할 수 있었으며 그를 고백하고 그를 위해 기꺼이 핍박을 견뎌 낼 마음도 있었습니다.

이 섬의 마을 학교에는 세 명의 기독교인 교사가 있었는데, 이는 많은 수의 소년들이 시험을 보러 왔다는 사실을 뒷받침해 줍니다. 올 한 해 동안 거의 30명의 소년들이 신앙 고백을 했습니다. 시험을 보러 온 많은 소년은 부모 모두 기독교인이 아닌 이교도 가정에서 살고 있습니다. 자녀가 부모를 그리스도

parents to Christ.

On the succeeding days we were at another island, where we occupied a Korean house. The children came to me in great numbers, and if I was not on the porch, they were busy peeping through the holes in the paper doors. I could scarcely look up without seeing eyes upon me.

The parents were very willing that the children should be taught by the missionaries. In this village there is a very bright boy sixteen years of age, whom Mr. McCallie baptized. His young wife passed a most creditable catechism examination, Six months ago she married from a heathen home into a Christian home.

Her knowledge shows faithful teaching on the part of the husband and father-in-law. Such marriages are, as a rule, forbidden, but on the islands there are few Christian young women. On the island of Chialey we were the first foreigners to visit the people. You may be sure that they were out for curiosity.

When we landed on this island Mr. McCallie's helper went ahead of us, as he said, "to prepare a place for you." He found a place, but as we were able to land near the village, we decided to live on the boat. Three years ago one of the men on the island went to Mokpo and beard the gospel.

He came home and has been preaching ever since. As a result ten of the seventeen homes in the village are Christian homes.

께로 인도하는 사례도 많이 있습니다.

다음 날 우리는 다른 섬에 있었는데, 그곳에서 우리는 한국인의 집에 머물렀습니다. 아이들이 떼를 지어 제게 몰려왔고, 제가 현관에 없으면 종이문 구멍을 통해 들여다보느라 바빴습니다. 고개를 들면 저를 내려다보는 아이들의 눈빛을 피할 수가 없었습니다. 부모들은 자녀들이 선교사에게 교육받기를 무척 바랐습니다.

이 마을에는 매컬리 씨가 세례를 준 열여섯 살의 매우 영리한 소년이 있습니다. 그의 젊은 아내는 6개월 전에 이교도 가정에서 기독교 가정으로 시집와서 가장 공신력 있는 교리문답 시험에 합격했습니다. 그녀의 지식은 남편과 시아버지의 신실한 가르침을 보여줍니다. 이런 결혼은 원칙적으로는 금지되어 있지만 섬에는 젊은 크리스천 여성이 거의 없습니다.

우리는 지아리(Chialey) 섬을 찾은 최초의 외국인이었습니다. 섬 사람들이 호기심 가득해 구경나온 모습이 그려지실 겁니다. 우리가 이 섬에 도착했을 때 매컬리 선교사의 조사가 "우리 선교팀이 일하기 좋은 장소를 준비하겠다"며 우리보다 앞서 나갔습니다. 그는 장소를 찾아냈지만 우리는 마을 근처에 정박할 수 있었기 때문에 그냥 배에서 지내기로 했습니다.

3년 전에 섬에 있던 한 남자가 목포에 가서 복음을 전했습니다. 그는 집으로 돌아와서 그 이후로 계속 전도하고 있습니다. 그 결과 마을의 열일곱 집 중 열 집이 기독교 가정이 되었습니다. 인근의 한 섬에서도 몇 년 전 같은 방식으로 사역이 시

On an island near by the work began in the same way a few years ago.
Some one visited Mokpo and returned to proclaim the "glad tidings," with the result that twenty of the twenty-five households on the island are Christian.
On inquiry Mr. McCallie found that all those who had come for examination had stopped drinking and put away their idols. It is always understood that a Korean Christian does not drink, and frequently gives up smoking, also. Notwithstanding the fact that a missionary had never before been in the two villages on Chialey, thirteen women and twenty-four men came up for examination.
We were astonished at the knowledge the women manifested. As our coming was unannounced, no special studying could have been done.
The women have not yet learned to read, but they have been taught the Bible and catechism, and have memorized many hymns.
One woman, fifty-five years old, stood a remarkable examination. We asked her what blessings she had received since believing. Her reply was "The assurance of the forgiveness of sin, that she was a child of God, and that she had received the gift of the Holy Spirit."
She has suffered persecution, but her faith has not been disturbed.

작되었습니다. 어떤 사람이 목포를 방문했다가 "기쁜 소식"을 전파하러 돌아왔고, 그 결과 그 섬의 25가구 중 20가구가 크리스천 가정이 되었습니다.

맹현리 씨가 조사해 본 결과, 문답을 받으러 온 모든 사람이 술을 끊고 우상을 버린 것을 발견했습니다. 한국 기독교인은 술을 마시지 않고 담배도 끊는 것으로 알려져 있습니다.

지아리 섬의 두 마을에는 지금까지 선교사가 들어온 적이 없었음에도 불구하고 여자 13명, 남자 24명이 문답을 받으러 왔습니다. 우리는 여인들이 보여준 지식에 크게 놀랐습니다. 우리가 예고없이 왔기 때문에 특별한 공부를 할 수 없었을 텐데 말입니다.

여자들은 아직 글을 읽지는 못했지만, 성경과 교리 문답을 익혔고 많은 찬송가를 외웠습니다.

쉰다섯 살의 한 여인은 문답에서 놀라운 답을 내놓았습니다. 우리는 그녀에게 믿게 된 후 어떤 축복을 받았는지 물었습니다. 그녀는 "죄 사함의 확신, 하나님의 자녀라는 확신, 성령의 은사를 받았다는 확신"이라고 대답했습니다. 그녀는 핍박을 받았지만 그녀의 믿음은 흔들리지 않았습니다. 그녀는 자신을 핍박하는 사람들을 위해 기도하고 있었습니다.

제가 여성 조사의 도움을 받아 진행한 여성을 위한 예배에서는 큰 축복이 있었습니다. 신자가 된 지 4개월밖에 안 된 한 여성이 미국 기독교 가정에서 자란 사람도 자랑스럽게 여길만한 시험에 합격했습니다. 그녀는 신자가 된 지 얼마 되지 않았

She was praying for ber persecutors. At a service I held for women, with the assistance of my woman helper, there was great blessing.

One woman who had been a believer only four months passed an examination that would have done credit to a person in America reared in a Christian home. She could not be admitted into the church, as she had not been a believer long enough. It is required that people must be believers five or six months before admission, On one day during our trip, accompanied by two Korean women, I visited a village on Kai Island.

The field work - and, in fact, most of the work in Korea - is done by women. When I awoke one morning I could hear the patter of rain overhead. We had a small, closed room at either end of the boat one for ourselves and the other for the boatmen. Above the patter of the rain, as we ate breakfast, we could hear the voice of one of the boatmen as he read his Bible.

The Korean sits on the floor and reads aloud in a sing-song tone, swaying back and forth. This boatman is only a coolie. but he surprised me by buying a difficult Chinese Bible, which he has been reading. We did not expect him to be educated in the classics. In the week we were away from Mokpo we visited four islands and saw much to make us rejoice, and to realize that Korea is now ready to be Christianized.

기 때문에 아직 정식 교인이 될 수는 없었습니다. 교회에 등록하려면 신자가 된 지 5~6개월이 지나야 합니다.

여행 중 어느 날, 두 명의 한국인 여성과 함께 가이(Kai) 섬의 한 마을을 방문했습니다. 밭일은 – 사실 한국에서는 대부분의 일은 – 여자들이 합니다.

어느 날 아침 잠에서 깼는데 머리 위로 빗방울 떨어지는 소리가 들렸습니다.

배의 양쪽 끝에 작고 밀폐된 방이 하나씩 있었는데 하나는 저희 방이고 다른 하나는 뱃사공들이 사용하는 방이었습니다. 아침 식사를 하는 동안 빗소리 너머로 뱃사공 중 한 명이 성경을 읽는 소리가 들렸습니다.

그 한국인 뱃사공은 바닥에 앉아서 앞뒤로 몸을 흔들며 노래를 부르듯 큰 소리로 성경을 읽었습니다. 이 뱃사공은 그저 막노동꾼이었음에도, 그가 읽고 있는 그 어려운 중국어 성경을 구입해서 저를 놀라게 했습니다. 저희는 그가 한문 교육을 받았을 거라고는 생각지도 못했습니다. 목포를 떠나있던 일주일 동안 저희는 네 개의 섬을 방문했고, 우리를 흐뭇하게 하는, 또 한국이 이제 기독교화될 준비가 되었음을 실감하게 하는 많은 모습을 보았습니다.

The Missionary, June, 1911.
A report from Mokpo, Korea
H. D. McCallie

God has most richly blessed us in many ways and the prospects are bright and the opportunities unlimited, whence it is hard to understand that at just such a time our force here should be decreased instead of increased, but we trust it will only make us rely more and more upon his intinite streugth and wisdom.

Dr. Forsythe has been stricken with that mysterious Eastern discase, sprue. and must return to America at once, and his sister has been unwell so long that the doctors have ordered her to accompany him.

Right on top of this great loss comes the order for Mrs. Knox to return to America for a special operation, so she and Mr. Knox leave early in May on a special six months furlough.

Our thus greatly depleted force in the face of tremendous opportunities calls for earnest prayer on the part of all for speedy reinforcement. In January Mr. Harrison had a very successful trip to the country. Sunday schools were organized, officers appointed, applicants examined, the

더 미셔너리, 1911년 6월
한국 목포로부터 온 보고서
맹현리 목사

하나님께서는 여러 면에서 저희에게 더없이 풍성한 축복을 주셨으며, 전망도 밝고 기회도 무한한 이런 때 이곳에서 우리의 힘을 늘리기는커녕 줄여야 한다는 사실을 받아들이기 힘듭니다만 이는 우리가 그분의 무한한 힘과 지혜에 더욱더 의지하게 할 뿐이라고 믿습니다.

포사이드 박사는 정체불명의 동양 풍토병인 스프루에 걸려 당장 미국으로 돌아가야 하고, 그의 여동생[21)]은 너무 오랜 기간 몸이 좋지 않아 의사가 그녀에게 동행하라는 명령을 내렸습니다. 이 큰 손실에 더하여 녹스 부인에게는 치료를 위해 미국으로 돌아가라는 명령이 내려졌고, 녹스 부부[22)]는 5월 초에 6개월의 특별 휴가를 떠납니다.

엄청난 기회 앞에서 크게 줄어든 우리 인력의 조속한 재충원을 위해 모두의 간절한 기도가 필요합니다. 1월에 해리슨 선교사는 한국 여행을 아주 성공적으로 마쳤습니다.

---

21)
Forsythe, Jean Miller(1878.5.23.~1965.8.15.). 켄터키 머서카운티 출생. 포사이드(보위렴) 여동생. 1910년 내한, 1913년까지 목포 여성과 아동 사역.

22)
Knox, Robert(노라복, 1880.3,3.~1959.3.1.). 텍사스 기딩스 출생. 프린스턴신학교 졸업. 아내 Maie Borden(1885.12.24.~1967.2.6.)과 함께 1907년 목포 도착. 목포와 광주에서 농어촌 순회 사역. 1950년 6.25 전쟁으로 인해 귀국, 사임

sacraments administered and irregularities corrected. Twenty were baptized and sixty-eight enrolled as catechumens. he tells of examining one girl of sixteen whom her father had repeatedly whipped and driven from home because she would attend church.

We rejoice to report good Bible classes for men and women in the month of February.

About fifty women came in from the country, the islands for the first time being represented, having a delegation of twenty. One woman over sixty before the class came up for examination, but was utterly ignorant. After class she tried again and it was astonishing how well she answered. At the men's class about one hundred really attended from the country. though more were present for a short period. The new island work showed up well with an attendance of forty-four, while eight others went to the class of Kwangju. Two were absent a month from their homes, traveling by foot, sail boat and steamer over six hundred miles.

The hardships endured would fill a book, but they returned rejoicing and full of enthusiasm. I returned with them and found a new church building. an attendance of over one hundred, and sixty waiting for examination, where only in the fall of 1909 my helper and I had

주일학교를 조직하고, 임원을 임명하고, 지원자들을 심사하고, 성찬식을 집례하고, 부조리들을 바로잡았습니다.

20명이 세례를 받았고 68명이 교리문답자로 등록했습니다.

그는 교회에 다닌다는 이유로 아버지가 여러차례 채찍질하고 집에서 쫓아낸 열여섯 살 소녀를 문답한 이야기를 들려줍니다.

2월 한 달 동안 성인 남녀를 위한 좋은 성경 수업이 있었다는 소식을 전하게 되어 기쁩니다. 전국에서 약 50명의 여성이 왔는데, 그중 스무 명이 처음으로 모임에 참가한 섬 지역을 대표하는 여성들입니다.

60세가 넘은 한 여성은 수업 전에 문답을 받으려 했지만, 완전히 무지했었습니다. 수업 후에 다시 문답을 치렀는데 얼마나 훌륭하게 답하던지 놀라웠습니다.

남성반 수업에는, 비록 잠깐은 더 많은 사람이 참석하긴 했지만, 실질적으로는 전국에서 약 100명이 참석했습니다.

새로운 섬 사역은 마흔네 명이 참석했고 다른 여덟 명은 광주 수업에 갔습니다. 두 명은 한 달 동안 집을 떠나 도보, 범선, 증기선으로 600마일이 넘는 거리를 이동해 왔습니다. 그들이 견뎌낸 고생은 책 한 권을 가득 채울 정도였지만, 그들은 기쁨과 열정으로 가득 차 돌아갔습니다.

저는 그들과 함께 돌아와서 새 교회 건물에 100명이 넘는 사람들이 출석하고 60명이 시험을 기다리고 있는 것을 발견했으며, 1909년 가을에야 제 조사와 제가 그곳에 처음으로 복음을

preached the Gospel for the first time.

After careful examination and evidence of having put away idols and all heathen practices and having attended church regularly for the past year, forty-two were received, and Sunday morning. in the church built with their own hands, they stood up and confessed publicly their faith in the Lord Jesus Christ. Praise God for another light on Korea's dark coast. It is the only one in a radius of over forty miles. Their Christian fellowship was delighful and I never enjoyed a week more in my life.

In January I visited my largest island, Chindo, and rejoice to report a decided advance. A Sunday school had been started, the church much enlarged, the attendance increased and the general tone and spirit much improved. Two women whose husbands were disciplined last year for not instructing them stood good examinations. One old lady, utterly deficient, last year, answered well and received baptism.

Three women, two men and four babies received baptism, while eight women and four school boys were enrolled as catechumens.

Recent reports say the church is now too small and a separate village desires to erect another. My helper held a class and enrolled twelve catechumens on the island of

전했습니다.

우상과 모든 이교적 관습을 버리고 지난 1년 동안 정기적으로 교회에 출석했다는 증거 확인과 면밀한 문답을 거쳐 42명이 정식 교인으로 받아들여졌고, 주일 아침에 그들은 자신들의 손으로 지은 교회에서 자리에서 일어나 주 예수 그리스도에 대한 신앙을 공개적으로 고백했습니다.

한국의 캄캄한 땅끝에 또한 줄기의 빛을 주신 하나님을 찬양합니다. 이 교회는 반경 40마일 이내에 있는 유일한 교회입니다. 그들의 믿음의 교제는 유쾌했고 저는 제 인생에서 그보다 더 즐거운 일주일을 보낸 적이 없습니다.

1월에 저는 가장 큰 섬인 진도[23]를 방문했는데, 확실하게 발전한 상황을 보고하게 되어 기쁩니다. 주일학교가 시작되었고, 교회가 훨씬 커졌으며, 출석률이 증가했고, 전반적인 분위기와 자세가 많이 좋아졌습니다.

작년에는 한참 부족했던 한 할머니가 잘 대답하고 세례를 받았습니다. 세 명의 여성, 두 명의 남성, 네 명의 아기가 세례를 받았고, 여덟 명의 여성과 네 명의 남학생이 학습교인으로 등록했습니다.

최근 보고에 따르면 이제 교회가 너무 작아서 다른 마을에서 따로 교회를 세우고 싶어 한다고 합니다. 제 조사는 비금 섬에서 수업을 열고 12명을 학습교인으로 등록시켰습니다.

23)
전라남도 진도군

Pegeum.

In March both the churches on Kuk-keum Island were visited six baptized and about a dozen enrolled as catechumens.

Mr. Harrison .... the church and the girls school building, left early in March to teach six weeks in the Seminary at Pyeng yang.

The last Sunday in February marked a new era in our history, for then by the installation of Mr. S. M. Yoon as pastor, one elder and two deacons, Mokpo presbyterian Church became the first independent church in our Mission territory and only the fourth in all Korea.

The work among the women has been especially encouraging of late. Many young women have recently started to attend churches. Classes for teaching Vumoon (native script) have been started and quite a number have been reached in that way. Daily cottage prayer meetings are held each day in a different section of the city.

Dr. Oh has come from Kunsan and taken charge of the dispensary and reports good clinics and faithful work by the dispensary evangelist.

Our girls' school building is going up in faith that God will send some one to take charge. The attendance at

3월에는 국금(Kuk-keum)섬[24)]에 있는 두 교회를 방문했으며, 6명이 세례를받고 약 12명이 학습교인으로 등록했습니다.

해리슨 선교사는 교회와 여학교 건물을 건축하고, 3월 초에 평양의 신학교에서 6주 동안 가르치기 위해 떠났습니다.

2월의 마지막 주일은 우리 선교 역사에서 새 시대가 열린 날입니다. 윤식명을 목사로, 한 명의 장로와 두 명의 집사를 세움으로써 목포장로교회[25)]가 우리 선교 구역에서 첫 번째 자립교회이자 한국 전체에서 네 번째로 세워진 교회가 되었기 때문입니다. 최근 여성들의 사역이 특히 고무적입니다.

최근 많은 젊은 여성들이 교회에 출석하기 시작했습니다.

한글 수업이 시작되었고, 이를 통해 우리는 적잖은 사람들에게 다가갈 수 있었습니다. 매일 여는 오두막 기도회는 날마다 도시의 다른 구역에서 진행됩니다.

군산에서 오긍선 박사[26)]가 와서 진료소를 책임지고 있는데, 진료소 전도사의 좋은 진료와 신실한 사역을 보고하고 있습니다.

---

24)
전라남도 고흥 거금도, 혹은 완도군 고금도

25)
목포 양동교회: 1898년 5월 15일 유진 벨 선교사가 설립한 목포 전남 최초 교회, 호남 최초 한국인 목사 장로로 이뤄진 자립당회 자립교회를 갖춤.

26)
오긍선(1878.10.4.~1963.5.18.). 충남 공주 출생. 알렉산더 선교사의 후원으로 미국 루이빌 의과대학 졸업후 미남장로교 선교사로 귀국. 군산과 목포 병원장 거쳐 서울세브란스병원 최초 한국인 원장 역임.

the girls' school has passed that of the boys' school and the new building is needed at once. Our Boys' Academy is without a head and we continue to pray that the right man be sent out. We praise God for his many mercies and blessings.

April 1911.

하나님께서 책임자를 보내주실 것이라는 믿음 가운데 여학교 건물이 올라가고 있습니다.

여학교 학생 수가 남학교를 넘어섰고, 당장 새 건물이 필요합니다. 남학교는 교장이 없는 상태이며 적합한 일꾼이 보내지기를 계속 기도하고 있습니다.

긍휼과 축복을 넘치도록 베푸시는 하나님을 찬양합니다.

1911년 4월.

The Korea Mission Field, January, 1912.
Reaping the Harvest
by Rev. H. D. McCallie

Just two years ago accompanied by one Korean helper we were sailing along the precipitous shores of the large island of Kenmodo over one hundred miles east of Mokpo. Suddenly the rocky inhospitable shores were broken by a prettly little bay running far back into the island and disclosing a lovely vista of waving rice fields and green hill sides. While just at the head of the bay nestled a village of some sixty houses. Evening was not far off and the whole scene was so inviting that I ordered my boatmen to turn in, drop anchor and rest for the night. I had the usual experience at that time of being the first white man and as well the first proclaimer of the Good News but our reception was more than unusually warm. Many heard the Word gladly, tracts were received without suspicion and some Christian literature was sold. Next morning quite a number waved us a farewell from the shore and we breathed forth a fervent prayer that God would not let his Word return void. Some months later while in Mokpo I heard that a large number having decided to believe had ordered Bibles and hymn-books from one of Mr. Preston's colporteurs.

코리아 미션 필드, 1912년 1월
수확을 거두다
맹현리 목사

지금으로부터 꼭 2년 전, 우리는 한국인 조사 한 명과 함께 목포에서 동쪽으로 100마일 이상 떨어진 큰 섬 금오도[27]의 가파른 해안을 따라 항해하고 있었습니다.

갑자기 바위투성이의 험난한 해안이 섬 안쪽으로 멀리 뻗어있는 아주 작은 만에 의해 부서지고, 물결치는 논과 푸른 언덕의 아름다운 풍경이 펼쳐졌습니다.

만의 안쪽에는 60여 채의 집이 모여 있는 마을이 자리 잡고 있었습니다. 곧 저녁 시간이었고 모든 풍경이 너무 아름다워서 뱃사공들에게 배를 돌려 닻을 내리고 하룻밤 쉬자고 했습니다. 그 당시 저는 가는 곳마다 최초의 백인이자 최초의 복음 선포자가 으레 받을 만한 관심을 받았지만, 그곳에서의 환영은 유난히 따뜻했습니다.

많은 사람이 기꺼이 말씀을 들었고, 전도지를 의심 없이 받았으며, 몇몇 기독교 서적도 구매했습니다.

다음날 아침 꽤 많은 사람이 해안가에서 우리에게 작별의 인사를 건넸고, 우리는 하나님께 당신의 말씀을 헛되지 않게 해

27)
여수시 남면 금오도: 섬 해안을 따라 이뤄진 등산로 비렁(절벽)길이 있다. 우학리교회는 일제 말기 이기풍 목사가 노년에 목회하며 순교하였다.

Next February eight attended the Bible Class at Quang-ju being nearer than Mokpo, and a few months later a delegation came to see me at Mokpo but I had just left with Mrs. McCallie to pay them a visit. We received a royal welcome and Sunday morning the largest building in the place seating one hundred and fifty, was packed with both men and women. I suspected interested reasons for their faith so did what I could to discourage rather than encourage them, showing that true discipleship meant sacrifice, self-denial, persecution and suffering taking especially Paul for example.

Mrs. McCallie entertained at one time on our boat over sixty women and girls professing to believe. We had a good visit and left the helper to conduct a week's class. I got no chance to visit them in the fall and heard nothing until the following February when two young men came from there to our Bible class at Mokpo. They both impressed me as fine young men and their ardor and zeal seemed in no way dampened altho' they had been ten days on the way suffering great hardships through a storm which had driven their steamer far out of its course. After the class at their urgent invitation I decided to return with them, going by steamer via Quelpart and various islands to Yusoo on the main land, and thence thirty miles by a small sail boat.

Altogether it was a long tiresome cold trip and a sudden

달라는 간절한 기도를 드렸습니다.

몇 달 후 목포에 있는 동안 나는 믿기로 결심한 많은 사람이 프레스턴 선교사의 권서인에게 성경과 찬송가를 주문했다는 소식을 들었습니다.

다음 해 2월, 8명이 목포보다 가까운 광주에서 성경반에 참석했고, 몇 달 후 대표단이 목포로 나를 만나러 왔지만 나는 마침 아내와 함께 그들을 방문하기 위해 떠난 상태였습니다.

우리는 성대한 환영을 받았고 일요일 아침에는 150명을 앉힐 수 있는 그곳의 큰 건물이 남녀로 가득 찼습니다.

나는 그들이 신앙에 관심을 가지는 이유가 의심되었기에 그들을 마냥 격려하기 보다는 그들의 의지를 시험해 보려 진정한 제자도는 희생과 자기 부인, 박해와 고난을 의미한다는 것을 특히 바울을 예로 들어 가르쳤습니다.

에밀리 코델 선교사는 믿음을 고백하는 60명이 넘는 여성과 소녀들을 우리 배에서 접대했습니다. 우리는 유익한 방문 후에 조사에게 남은 한 주간의 수업을 진행하도록 맡겼습니다.

가을에는 그들을 방문할 기회가 없었고, 이듬해 2월 두 명의 청년이 그곳으로 부터 목포에서 열리는 성경공부 모임에 오기 전까지는 아무 소식도 듣지 못했습니다.

그들은 모두 훌륭한 청년들로 저에게 깊은 인상을 주었고, 폭풍우로 인해 증기선이 항로를 이탈하여 열흘간 큰 어려움을 겪었음에도 그들의 열정과 열심은 전혀 꺾이지 않은 것처럼 보였습니다.

squall all but swamped our little sail boat, but our warm welcome soon made us forget all our trials on the way. I hardly expected to find more than a few left for I knew that they had endured severe persecution.

So it was with joyful surprise I found over a hundred still attending and as an evidence of their faith a nice little church sat perched on the hill side overlooking the village.

About eighty wanted to come up for examinations but we refused all who had not entirely put away idols from their homes ceased sacrificing to their ancestors together with other heathen practices and attended church regularly since my last visit ten months previous. Fifty-six were still left, so my helper and I made the examinations especially searching requiring a wide general knowledge of Christian truth as well as its practice, and as a result forty-two were approved and admitted to the catechumen class. It was a memorable Sunday when these men, women, boys and girls stood up in the church which they had built with their own hands and money and testified before God and all the world their faith in Jesus the Crucified One. The wisdom of our searching examination was seen six months later when examining for baptism for out of the forty-two in the catechumenate one man had left the island and one woman had ceased to attend. We made the first baptism examination as rigid as we

수업을 마치고 나는 그들의 간곡한 초청으로 그들이 떠나왔던 곳으로 함께 돌아가기로 하고, 증기선을 타고 제주도와 여러 섬을 경유하여 본토의 여수까지간 다음 작은 범선으로 30마일을 더 이동했습니다. 전체적으로 길고 힘든 추운 여행이었고 갑작스러운 폭풍우가 작은 범선을 휩쓸고 지나갔지만, 도착지에서의 따뜻한 환대는 곧 그간의 모든 시련을 잊게 했습니다. 그들이 극심한 핍박을 견뎌내야 했었다는 것을 알고 있었기 때문에 몇 명 남아 있지 않을 것이라 예상했습니다.

그러나 놀랍게도 100명이 넘는 사람들이 여전히 출석하고 있었고, 그들의 믿음의 증거로 마을이 내려다보이는 언덕 위에 아담한 교회가 자리 잡고 있었습니다.

80여 명이 심사를 받으러 오기를 원했지만, 10개월 전, 제가 마지막으로 다녀간 이후로 집에서 우상을 완전히 없애지 않았거나 조상에게 제사를 지내는 것과 더불어 다른 이교도 관습을 멈추지 않았거나 교회에 정기적으로 출석하지 않은 사람들은 모두 거절했습니다.

아직 56명이 남았기 때문에 저와 제 조사는 기독교 진리와 그 실천 뿐 아니라 그에 대한 폭넓은 일반 지식을 요구하는 시험을 특별히 치렀고, 그 결과 42명이 교리교육반에 입학할 수 있었습니다. 그 주일은 이 남자, 여자, 소년, 소녀들이 자신들의 손과 돈으로 지은 교회에 서서 하나님과 온 세상 앞에서 십자가에 못 박히신 예수님에 대한 자신의 믿음을 증언한 기억에 남는 주일이었습니다.

knew how being determined to admit only the tried and proven.

That first communion day was truly one of great joy in the Lord for six married couples whose whole households believed and eleven others received baptism, while forty more after examination upon rising and confessing their faith in Christ were received into the catechumenate, waking a total in that class of sixty, while eighty-one more were reported as attending. In conference with the baptised members of the church three of their number whose whole households believed and who bore excellent reputation were chosen as temporary deacons.

Truly the Word of the Lord is quick and his Gospel is the power of God unto salvation to every one that believeth. Coming on our way greatly rejoicing we next touched at the large island of Kukkeum where God's Grace was also wonderfully manifest. Last spring I was much discouraged at the condition of the two churches there and at one held no examination for baptism as so few seemed ready, while at the other church conditions were only slightly better for though five received baptism many others knew so little I wondered how I had admitted them into the catechumenate.

Both I and my helper rebuked and exorted them pretty sharply, then sent a man and his wife to teach them. Most evidently they made good use of their privilege

6개월 후, 교리교육반 42명 중 한 남자가 섬을 떠나고 한 여자가 더 이상 출석하지 않자 세례 대상자를 선별하고자 한 우리의 심사가 얼마나 지혜로운 결정이었는지 드러났습니다. 우리는 시험을 거쳐 검증된 사람만 세례를 주기로 작정한 만큼 첫 세례 심사를 우리가 아는 한 엄격하게 진행했습니다.

그 첫 성찬식 날은 주 안에서 참으로 큰 기쁜 날이었습니다. 온 가족이 믿은 6쌍의 부부 외에 11명이 세례를 받았으며, 심사 이후 40명이 더 일어나 그리스도에 대한 신앙을 고백하고, 40명이 교리교육반에 들어오게 되어 반 총원이 60명이 되었고, 81명이 더 출석 교인으로 보고되었습니다.

세례를 받은 교인들이 함께 모인 당회에서 온 가족이 믿고 칭송받는 세 사람이 임시 집사로 선출되었습니다. 참으로 주님의 말씀은 빠르며 그의 복음은 모든 믿는 자에게 구원을 주시는 하나님의 능력이 됩니다. 크게 기뻐하며 돌아가는 여정에서 우리는 다음으로 하나님의 은혜가 역시 놀랍게 나타난 큰 섬 거금도[28]에 도착했습니다.

지난봄에 나는 그곳에 있는 두 교회의 상황에 크게 낙담했는데, 한 교회에서는 세례를 받을 준비가 된 사람이 거의 없어 세례 문답을 치르지 않았고, 다른 교회에서는 그나마 5명이 세례를 받았지만, 나머지는 내가 어떻게 그들을 교리 교육반에 받아들였는지 의문스러울 정도로 아는 게 없었습니다.

28) 고흥군 금산면 거금도

for at the two churches out of twenty-seven examined all answered well and were baptised. One old woman of sixty four after whose name last spring I wrote, " knows absolutely nothing," this time answered promptly and intelligently questions on baptism, Lord's Supper, Trinity and the separate offices of Father, Son, and Holy Ghost. It was truly astonishing and showed that she had received not only man's teaching but that of the Great Teacher of Teachers who has promised to lead into all truth. This is all the more remarkable a record as I usually baptise about one half, of those examined.

None of those baptised had been attending church regularly less than two years. Besides these instances the work on the islands has made decided progress and it is quite a previlege to have a share in it. During the past fifteen months ninety-seven have been baptised.

We truly thank the Lord of the Harvest for such a speedy increase following the sowing of his Word. It may be of interest to know that Sunday-schools have been organized in all but one group with a total average attandance each Sunday of more than two hundred and fifty.

저와 제 조력자는 그들을 매우 호되게 책망하고 권면한 다음, 한 남자와 그의 아내를 보내서 그들을 가르치게 했습니다. 이후 두 교회에서 27명 모두가 세례문답에 잘 대답하고 세례를 받은 것을 보면 그들이 그 특전을 잘 살렸음이 분명해 보입니다. 지난봄에 제가 "아무것도 모른다"고 썼던 예순네 살의 할머니는 이번에는 세례, 성만찬, 삼위일체와 성부, 성자, 성령의 각기 다른 직분에 관한 질문에 망설임 없이 현명하게 대답하였습니다. 참으로 놀라운 일이었고, 그녀가 사람의 가르침뿐만 아니라 모든 진리로 인도하겠다고 약속하신 스승들 위에 뛰어난 스승이신 그분의 가르침을 받았음을 보여주는 것이었습니다.

저는 보통 세례 문답자 중 절반 정도에게만 세례를 베풀었기에 이는 더욱 놀라운 기록입니다. 세례를 받은 사람 중 교회에 정기적으로 출석한 지 2년 미만인 사람은 한 명도 없었습니다. 이러한 사례 외에도 섬에서의 사역은 상당한 진전을 이루었고, 그 일에 동참할 수 있다는 것은 큰 특권입니다.

지난 15개월 동안 97명이 세례를 받았습니다. 말씀의 씨를 뿌린 후 결실이 이렇게 빠르게 늘어난 것을 추수하시는 주님께 진심으로 감사드립니다. 주일학교가 한 교회를 제외한 모든 곳에 조직되어 매 주일 전체 평균 250명 이상이 출석한다는 사실은 또한 주목할만 합니다.

The Missionary, September, 1915.
Letter from Rev. H. D. McCALLIE

I got back here May 8th, just a month to the day from the time. I left my home in Tennessee. I had a very pleasant trip across the continent, via. Chicago, Denver and Salt Lake City to San Francisco. I boarded the fine Pacific Mail and I came to Korea and a very pleasant, delightful three-weeks' cruise was enjoyed to Kobe, Japan. At Kobe I took train and in less than forty-eight hours was receiving a most warm and hearty welcome from my fellow missionaries and my Korean brethren at Mokpo.

My! how good it does feel to get back home once more after wandering in a foreign land! I love these people and am never so happy as when at work with and for them. Of course they have their faults, but I think their good qualities far out weigh their faults.

I have visited all my churches holding examinations for admission into the church, administering the sacrament and in a few cases exercising discipline.

Since last July new groups have started on two islands and are doing well.

The church on the large island of Pegeum. while small, is

더 미셔너리, 1915년 9월
맹현리 목사의 편지

저는 테네시에 있는 집을 떠난 지 딱 한 달 만인 5월 8일에 목포로 돌아왔습니다.

저는 시카고, 덴버, 솔트레이크시티를 거쳐 샌프란시스코까지 대륙을 가로지르는 아주 기분 좋은 여행을 했습니다. 멋진 퍼시픽 메일 증기선을 타고 일본 고베까지 3주 동안 아주 즐겁고 유쾌한 크루즈를 즐겼습니다.

고베에서는 기차를 탔고 그로부터 48시간이 채 되지 않아 목포에 도착하여 동료 선교사들과 한국 형제들로부터 정말 따뜻하고 진심 어린 환영을 받았습니다.

세상에! 이국땅에서 방황하다가 다시 고향으로 돌아오니 얼마나 기분이 좋은지요!

저는 이 사람들을 사랑하고, 그들과 함께 그리고 그들을 위해 일할 때만큼 행복한 일이 없습니다. 물론 그들에게도 부족한 점이 있지만 그들의 훌륭한 자질이 그들의 단점보다 훨씬 더 크다고 생각합니다. 저는 제 관할 교회를 모두 방문하여 교회 문답을 치르고 성찬을 집례했으며, 드물게 권징을 하기도 했습니다.

지난 7월 부터 두 섬에서 새로운 그룹이 시작되어 잘 진행되

yet growing steadily and has the unusual record of there never having been a single case of discipline in its seven years' history.

Every baptized member continues to stand faithful and true without an exception. The Christians there are so thoroughly converted and so full of love and good works that a visit to them is always very refreshing.

It is only forty miles from Mokpo. but on our return we had quite a time.

We started in an open Japanese sail boat and made good progress for the first half of the journey; then a strong head wind compelled us to tie up for twenty hours, during which time we had a pleasant visit to a new group. Starting again, we had not gone very far before it commenced to rain and blow directly in our faces.

The boatmen wished to return, but I made them struggle on, but it was useless and finally we had to tie up fifteen miles north of Mokpo, but at an island connected by ferry with the mainland.

Just at dusk we landed in a pouring rain and without supper we started off through the night slipping and sliding every few steps in the mud and water.

At last, about 10:30, tired, wet and hungry we came to the inn at the ferry only to find all asleep and the boat high up on the mud bank.

고 있습니다. 큰 섬인 비금의 교회[29]는 규모는 작지만, 꾸준히 성장하고 있으며, 7년 역사동안 단 한 건의 징계도 없었다는 이례적인 기록이 있습니다. 세례를 받은 모든 성도가 어느 한 사람도 예외 없이 신실하고 진실하게 서 있습니다.

이곳의 크리스천들은 완전히 거듭났고 사랑과 선행으로 충만해서 그곳을 방문 할 때마다 기운이 납니다.

이곳은 목포에서 불과 40마일 밖에 떨어져 있지 않지만 돌아오는 데는 꽤 많은 시간이 걸렸습니다. 우리는 개방형 일본 범선을 타고 출발하여 여행의 전반부는 순항하다가 강한 역풍으로 인해 20시간가량 발이 묶였고, 그동안 우리는 새로운 그룹을 방문해 즐거운 시간을 보냈습니다.

다시 출발해 얼마 가지 않아 비바람이 정면으로 불어오기 시작했습니다. 돌아가고 싶어 하는 사공들을 애써 달래 버텨보려 했지만, 소용이 없었고 결국 우리는 목포에서 북쪽으로 15마일 떨어진, 본토와 배편으로 연결된 섬에 정박해야만 했습니다.

막 어두워질 무렵 쏟아지는 빗속에서 상륙한 우리는 저녁도 먹지 못한 채 진흙과 물속에서 몇 발자국마다 미끄러지고 미끄러지며 밤을 지새웠습니다.

마침내 10시 30분쯤 피곤하고 축축하고 배고픈 상태로 페리

29)
전라남도 신안군 비금면의 덕산교회는 맹현리에 의해 세워진 신안 지역 최초 교회다.

We had no bedding nor change of clothes and as we stood muddy and bedraggled out in the rain we certainly were forlorn looking objects.

Our chance of getting across looked hopeless but the inn keeper was a friend in need and in deed for he roused up live of the sleeping men and by dint of much urging and coaxing they finally agreed to take is across My, but I felt sorry for the poor fellows, for with nothing to protect them they came out into the cold rain and wind, rolled up their trousers above their knees, waded into the mud and only after a hard tussle they slid the boat down into the water and with the high wind blowing the rain right into their faces, they rowed us across with out a word of complaint or grumbling.

Such are missionary hardships, but praise the Lord for them also, for they only add zest and excitement to what might otherwise be dull and monotonous. Our real hardships are when we have to see great opportunities neglected for lack of proper support home.

My colporteurs have done good service in my absence and have sold many thousands of volumes of Gospels.

One man alone in three months sold twenty-five hundred volumes. I believe Voltaire said the Bible would be an unknown book within fifty years. I now have four men going from island to island preaching and selling

선착장의 여관에 도착 했지만, 그곳 사람들은 모두 잠들어 있었고 배는 진흙 둑 높이 올라앉아 있었습니다.

우리에게는 침구도 갈아입을 옷도 없었고, 빗속에서 진흙투성이가 된 채 질퍽거리며 서 있는 저희의 모습은 분명 처량해 보였습니다.

우리가 건너갈 가능성은 절망적으로 보였지만 여관 주인은 어려울 때 돕는 진짜 친구였습니다. 그는 잠자고 있던 다섯 명의 남자를 깨웠고, 간청과 설득 끝에 마침내 그들은 우리를 건너편까지 데려다주기로 했습니다.

아무런 보호 장치도 없이 차가운 비바람 속으로 나와 바지를 무릎 위로 걷어 올리고 진흙탕에 뛰어든 그들에게 미안한 마음이 들었습니다. 한참을 씨름한 후에야 배를 물속으로 밀어 넣을 수 있었는데, 세찬 비바람을 얼굴에 정통으로 맞으면서도 그들은 불만이나 불평 한마디 없이 노를 저어 우리를 건너게 해 주었습니다.

이것들은 선교사가 겪는 고난이지만, 이러한 고난들이 지루하고 단조로울 수 있는 사역에 활기와 박진감을 불어넣어 주는 것이니 이 또한 주를 찬양할 일입니다.

우리의 진짜 고난은 본국에서 적절한 지원이 없어 좋은 기회가 눈앞에서 지나가는 것을 손 놓고 쳐다만 봐야 할 때입니다.

저의 권서인들은 제가 없는 동안에도 신실히 섬겼으며 수천 권의 복음서를 팔았습니다.

한 사람은 3개월 동안 혼자서 2,500권을 팔았습니다.

Gospels, and soon will increase the number to six during the summer.

I have rented a very largo sail boat with two boatmen and a bov for fifty cents (1 yen) a day, which is the cheapest rate I have ever secured.

My greatest difficulty now is in following up the work of the colporteur.

Quite a number of islands are asking for Christian teachers. Four or five new groups could be started this fall if I could place in each a strong Christian leaders but to put such men on Mission pay is against our present policy.

I am thinking of getting Christian families to pull up root and branch and move to such places; which would be much better than having men on pay. We greatly, rejoice at the prospect of reinforcements for the opportunities were. never greater.

The Japanese are much more liberal and friendly in their attitude than ever before. I am trying to reach all the islands this summer with the gospel message and am glad to report some of my workers give their services free. receiving only their board.

Mokpo.

제가 알기로 볼테르가 성경은 50년 안에 잊혀질 책이 될 것이라고 말했다고 하더군요. 지금 네 명의 남자가 이 섬 저 섬을 돌아다니며 설교하고 복음서를 팔고 있으며, 머지않아 여름내로 그 수는 여섯 명으로 늘어날 것입니다.

뱃사공 두 명과 소년 한 명이 탄 아주 큰 범선을 하루에 50센트(1엔)에 빌렸는데, 이는 제가 지금까지 구한 것 중 가장 저렴한 요금입니다. 지금 저의 가장 큰 어려움은 권서인의 일을 잘 챙기고 지원하는 것입니다.

꽤 많은 섬에서 기독교 교사를 요청하고 있습니다.

그룹마다 역량 있는 기독교 리더를 배치할 수만 있다면 올가을에 네, 다섯 개의 새로운 그룹을 시작할 수 있겠지만, 그런 사람들에게 선교비를 지급하는 것은 현행 정책에 어긋납니다. 저는 기독교인 가족들이 뿌리를 내리고 가지를 뻗어 그런 곳으로 이주하도록 해야겠다고 생각하고 있는데, 이것이 급여를 받는 사람들을 두는 것보다 훨씬 더 나을 것입니다.

우리는 추가 지원 가능성에 크게 기쁩니다. 왜냐하면 지금보다 더 큰 기회는 없었기 때문입니다.

일본인들은 그 어느 때보다 훨씬 더 자유롭고 우호적인 태도를 보이고 있습니다. 나는 이번 여름에 모든 섬에 방문해 복음의 메시지를 전하려 하며, 몇몇 사역자들은 숙식만 제공받고 무료로 봉사하고 있다는 사실을 기쁜 마음으로 보고합니다.

목포에서.

The Korea Mission Field, Apr, 1920.
In Memoriam, Annabel Major Nisbet.
By MRS. H. D. MCCALLIE.

Mrs. Nisbet was born in Christian Co. Ky. Jan. 19th, 1869 and died at Mokpo, Feb. 21st, 1920. Her parents were staunch Baptists, her mother being the daughter of the A.D.Sears, D.D., pastor at Clarksville, Tenn. for 26 years. She graduated from Clarksville Female Academy at 16, began teaching - taught one year in the country school and returned to Clarks ville; lived at her grandfather's home and taught in Clarksville city school for 12 years, being the principal of the Higher School department for a number of years.

During the time her parents had moved to Clarksville and her mother being an invalid, her strength was taxed in the care of her mother. For a number of years she taught taught in day time and she and her brother nursed the mother, each one watching half the night while the other slept. She was also principal of the primary department in Sunday School and did a great deal of house to house visiting. She was a leader in the college set and her house was the rendezvous for them. One of the college

코리아 미션 필드, 1920년 4월
유애나 선교사[30]를 추모하며
맹현리 부인

니스벳 부인(유애나)은 켄터키주 크리스천에서 1869년 1월 19일 태어나 1920년 2월 21일 목포에서 사망했습니다. 그녀의 부모는 독실한 침례교 신자였으며, 그녀의 어머니는 26년 동안 테네시주 클락스빌에서 목회한 시어스(A.D. Sears, D.D.)의 딸이었습니다.

그녀는 16세에 클락스빌 여성 아카데미를 졸업하고 교직을 시작하여 시골 학교에서 1년을 가르치고 클락스빌로 돌아왔으며, 할아버지 집에서 살면서 클락스빌 시립학교에서 12년간 아이들을 가르치면서 다년간 고등부 교장으로 일했습니다.

부모님이 클락스빌로 이사하고 어머니가 병석에 누워 있는 동안 그녀는 어머니를 돌보는 데 많은 힘을 쏟았습니다.

수년 동안 그녀는 낮에는 교편을 잡고 오빠와 함께 어머니를 간호했는데, 서로 번갈아 가며 한 명이 잠을 자는 동안 다른 한 명이 어머니를 돌보았습니다.

30)

30) Mrs. Nisbet, Anabel Lee Major(유애나, 1869.1.19.~1920.2.21.). 테네시 클락스빌 출생. 클라스빌 아카데미와 찰리스여자대학 졸업. 남편 Nisbet John Samuel(유서백, 1869.8.6.~1949.12.20.)과 함께 1907년 내한 선교. 전주 기전학교와 목포 정명학교에서 교육 사역. 1919년 3,1 운동을 준비하던 학생들을 만류하고 돌아가던 중 기숙사 계단에서 낙상하여 건강 악화, 이듬해 별세. 묘: 광주 양림동산.

professors said she was the most intellectual woman in Clarksville. She was invited by one of the college students to attend the play 'Les Miserables.' On being asked if she had read the book she replied "No."

Her friend expressed regret and she replied she would read the book if she could get a copy. He procured the book and she read it after school (which closed at 2 o'clock) and before time to attend the play was able to tell in detail the story of the book. She could read understandingly a book in an hour.

She planned to go to China as a missionary and had arrangements all made when her mother was taken seriously sick and she had to give it up. Her mother died in 1898 and in the fall of that year she met Mr. Nisbet; they were married in June. 1899. Mr. Nisbet was then pastor at Corksville, Tenn.

After two years in Corksville they went to West Texas on account of health and spent a year in home mission work. They moved to Humbolt, Tenn., where they spent 4½ pleasant years. At the urgent request of friends she opened a private school in her own home which school she continued as long as in Humbolt and always had pupils to the limit of her capacity to receive them.

In 1906 Mr. and Mrs. Nisbet went to Kenilworth Inn,

그녀는 또한 주일학교 초등부 교장을 맡아 집마다 심방을 많이 다녔습니다. 그녀는 대학 시절의 리더였고 그녀의 집은 그들을 위한 만남의 장소였습니다. 대학 교수 한 명은 그녀가 클락스빌에서 가장 지적인 여성이라고 말했습니다.

그녀는 대학생 중 한 명으로부터 연극 '레미제라블'에 초대받았습니다. 원작인 책을 읽었느냐는 질문에 그녀는 "아니요"라고 대답했습니다. 그녀의 친구는 아쉬워했고 그녀는 책을 구할 수 있다면 읽어보겠다고 대답했습니다.

그는 책을 구해왔고, 그녀는 방과 후(2시에 문을 닫는) 책을 읽기 시작해 연극 시작 전에 책의 내용을 자세히 알 수 있게 되었습니다. 그녀는 한 시간 만에 책 한 권을 이해하는 수준까지 읽을 수 있었습니다.

그녀는 선교사로 중국에 갈 계획을 세웠고, 모든 준비를 마쳤으나 그즈음 어머니의 병세가 위독해져 계획을 포기해야 했습니다. 그녀의 어머니는 1898년에 돌아가셨습니다.

그해 가을에 애너벨 리 양은 존 사무엘 니스벳(유서백) 군을 만나 교제하였고, 이듬해 1899년 6월 결혼했습니다. 당시 니스벳 씨는 테네시주 코크스빌 교회의 목사였습니다.

코크스빌에서 2년을 함께 보낸 후 그들은 건강상의 이유로 서부 텍사스로 가서 1년 동안 가정 선교 사업을 했습니다.

그들은 테네시주 험볼트로 이사하여 그곳에서 4년 반 동안 즐겁게 지냈습니다. 친구들의 간곡한 요청으로 자신의 집에 사립학교를 열었는데, 그녀가 험볼트를 떠나기 전까지 이 학교

Asheville, North Carolina, and were asked to volunteer for school work in Chun-ju, Korea. They came to Korea in the spring of 1907 and for 4½ years lived in Chun-ju. Mrs. Nisbet taught in the boys' school there, in the Sunday school and women's classes and itinerated in the country.

A little over 8 years ago Mr. and Mrs. Nisbet were transferred to Mokpo where she was put in charge of the girls' school which she developed into a large school. She never lost sight of the fact that her business was character building. She took a personal interest in each girl and endeavored to strengthen her in Christ. She tried to make of each girl a better Korean home maker. Each girl was required to have a share in the cooking and housework, Mrs. Nisbet being careful not to use equipment which would unfit them for life in a Korean home.

Mrs. Nisbet taught the Sunday School lesson to a large class on Friday night and on Sunday had a large class of young married women, on which day it was her custom to attend five services. In the-yearly women's classes she taught large classes with great ability and ease.

She was a teacher of unusual ability, a born leader, a wonderful housekeeper, a thoughtful and generous neighbor and a helpful friend to many. She possessed a

를 계속 운영했고 학교는 언제나 그녀가 받아들일 수 있는 최대 수의 학생들로 가득 찼습니다.

1906년 니스벳 부부는 노스캐롤라이나주 애쉬빌의 케닐워스 여관으로 갔다가 한국 전주로부터 학교 일에 자원해 달라는 요청을 받게 됩니다. 니스벳 부부는 1907년 봄에 한국에 선교사로 내한하였습니다.

4년 반 동안 전주에서 지냈습니다. 이곳에서 니스벳 부인은 소년학교와 주일학교, 여성반에서 가르쳤고 전국을 순회했습니다.

8년여 전 니스벳 부부는 목포로 전근하게 되었고, 그곳에서 그녀는 여학교(정명) 교장을 맡아 큰 학교로 키워냈습니다. 그녀는 자신의 일이 인성 함양이라는 사실을 절대 잊지 않았습니다. 그녀는 소녀 한 명 한 명에게 개인적인 관심을 갖고 그리스도 안에서 그들을 단련시키기 위해 노력했습니다.

그녀는 여학생 한 명 한 명을 더 나은 한국의 가정주부들로 만들기 위해 애썼습니다. 각 소녀들은 요리와 집안일을 분담해야 했고, 니스벳 교장은 학생들이 한국 가정에서 생활하기에 맞지 않는 도구는 사용하지 않도록 주의를 시켰습니다.

니스벳 부인은 금요일 밤에는 큰 반을 대상으로 주일학교 과정을 가르쳤고, 일요일에는 기혼 여성들로 구성된 큰 반을 가르쳤는데, 이날은 다섯 번의 예배에 참석하는 것이 그녀의 일과였습니다. 일 년에 한 번씩 열리는 여성 반에서 그녀는 큰 규모의 반을 유능하고 쉽게 가르쳤습니다.

great deal of personal magnetism, was a talented speaker and a good writer. She was an earnest and diligent student of the Bible and a woman of great faith.

Mr. and Mrs. Nisbet were the most hospitable people I have ever known.

Not only were friends entertained for weeks but every caller was welcomed.

Her keen insight, her good judgment and kindly sympathy caused many to seek her for advice. It was marvelous that she could give up so much time to her friends and at the same time accomplish so much mission work.

Mrs. Nisbet's loss is felt personally by each one of a large number of friends both Korean and foreign. One who met her in the homeland said "I would give anything to possess the same capacity for loving which she has."

She loved much and was much beloved and one who knew her long and intimately tells us she never lost a friend. Each one of her friends felt that she was understood by Mrs. Nisbet and that she possessed her sympathy.

Mrs. Nisbet was partly supported by 12 ladies of the North Ave.

Church, Atlanta, Ga. On hearing of her affliction one of these ladies could urged her to come home where she

그녀는 특별한 능력을 갖춘 교사였고, 타고난 지도자였으며, 훌륭한 가정주부이자 사려 깊고 베푸는 이웃이자 많은 이들에게 도움이 되는 친구였습니다. 그녀는 그녀만의 매력이 뛰어났고, 언변을 타고났으며 글도 잘 썼습니다. 그녀는 성실하고 부지런히 성경을 공부하는 학생이었고 큰 믿음을 가진 여성이었습니다.

니스벳 부부는 내가 아는 사람 중 가장 친절한 사람들이었습니다. 그들은 친구들만 몇 주 동안 즐겁게 대접한 것이 아니라 모든 방문자를 환대했습니다. 그녀는 예리한 통찰력과 올바른 판단력, 따뜻한 동정심을 품고 있었기 때문에 많은 사람이 그녀에게 조언을 구했습니다. 친구들을 위해 그렇게 많은 시간을 할애하면서도 그토록 많은 선교 사업을 완수할 수 있었다는 것은 놀라운 일입니다.

니스벳 여사의 죽음은 수많은 한국인과 해외 친구들에게 개인적인 상실감으로 다가왔습니다. 고국에서 그녀를 만난 한 친구는 "나는 그녀와 같은 사랑의 능력을 가질 수만 있다면 무엇이든 하겠다."라고 했습니다.

그녀는 많은 이들을 사랑했고, 또한 많은 사랑을 받았으며, 그녀를 오랫동안 친밀하게 알고 지낸 한 사람은 그녀가 결코 한 명의 친구도 잃은 적이 없다고 말합니다. 그녀의 친구들은 하나같이 자신이 니스벳 부인에게 이해받고 공감 받았다고 느꼈습니다.

니스벳 부인은 조지아주 애틀랜타의 노스 애비뉴 교회 여성

have the comforts of life in the homeland, and added if it was a matter of finance to draw on her for any amount necessary.

In her busy life she found time to write many letters which were a great help to her friends and to the churches in America. When on furlough she spoke about 250 times and was much sought as a speaker.

She did not give up readily to bodily ailments and last summer while suffering with her side she cheerfully wrote a Mission Study Book on Korea which is now being printed.

Last fall, although her suffering increased, she said very little about herself and kept up her regular work and would not interfere with her husband's itinerating. One of her friends said "God promises rewards to those who overcome and I think of her as one who overcame." She was faithful to the end in the many things she undertook.

During the last two months of her life she possessed great peace and during her last sickness those around her were impressed with her wonderful sweetness and patience in suffering. On the day of her death visitors were welcomed.

She loved the Koreans and gave her life for them. It was her request that she be buried in the Korean cemetery and

12명의 부분적인 지원을 받았습니다. 이 여성 중 한 명은 그녀의 고통을 듣고 안락한 삶을 누릴 수 있는 고국으로 돌아오라고 권유했고, 재정적인 문제라면 필요한 금액이 얼마든지 요청하라고 덧붙였습니다.

바쁜 생활 속에서도 그녀는 수많은 편지를 쓸 시간을 내서 친구들과 미국 교회에 큰 도움을 주었습니다. 휴직 중에도 그녀는 250회 정도 강연했고, 강사로도 많은 요청을 받았습니다.

그녀는 육체적 질병에도 쉽게 포기하지 않았고, 지난 여름에는 옆구리 통증을 앓으면서도 현재 인쇄되고 있는 한국 선교 연구서를 기운차게 집필하였습니다.

지난 가을, 그녀의 통증은 더 심해졌지만, 그녀는 주변에 자신의 상태를 거의 알리지 않고 규칙적으로 사역을 계속하며 남편의 순회 일정을 방해하지 않았습니다.

그녀의 친구 중 한 명은 "하나님은 이기는 자에게 보상을 약속하셨는데, 나는 그녀가 이긴 사람이라고 생각한다"라고 말했습니다.

그녀는 자신이 맡은 많은 일에서 끝까지 충실했습니다.

생의 마지막 두 달 동안 그녀는 큰 평화를 누렸고, 마지막 투병 기간 주변 사람들은 고통 가운데서도 놀랍도록 다정다감하고 인내심 있는 그녀의 모습에 깊은 인상을 받았습니다. 그녀는 죽는날까지도 자신을 찾은 사람들을 반갑게 맞이했습니다.

그녀는 한국인들을 사랑했고 그들을 위해 자신의 목숨을 내어주었습니다. 그녀는 자신을 한국 묘지에 묻어주고 장례식도

that the services be in Korean. Many attended her funeral and the Korean Christians requested the privilege of carrying her body to the cemetery, which work is usually done by hired coolies.

한국어로 해달라는 부탁을 남겼습니다.

많은 사람이 그녀의 장례식에 참석했고, 한국 교인들은 그녀의 시신을 묘지까지 운구할 수 있는 특권을 요청했는데, 보통 이 일은 고용된 운구인들이 담당합니다.

The Korea Mission Field, sept, 1921.
Sowing and Reaping
By H. D. McCallie

Even among missionaries one sometimes hears a disparagement of colporteurs and their work. One says that in spite of many thousands of Gospels sold during a special campaign he did not know of single new church nor even a new believer as a result.

Another says the colporteurs work rather for large sales than spiritual results. There is more or less truth in the above complaints but most of the failure is attributable to three causes.

First, the use of inferior men; second, lack of proper oversight and training and third, failure to properly distinguish between the very distinet offices of the colporteur and the evangelist. To be a successful colporteur requires the highest kind of moral courage and stamina. It is rare for a man to remain a colporteur long for he either fails entirely and drops out of sight or else he develops into a successful helper or pastor. In choosing colporteurs greater care should be exercised by the missionary superintendents to secure men capable of such development.

코리아 미션 필드, 1921년 9월
뿌림과 거둠
맹현리 목사

선교사들 사이에서도 때때로 권서인과 그들의 사역을 얕보는 말을 합니다. 어떤 사람은 특별 캠페인 기간 동안 수천 권의 복음서를 판매했음에도 불구하고 새 교회가 하나도 생기지 않았고 새 신자 한 명도 얻지 못했다고 말합니다.

또 다른 사람은 권서인들이 영적인 결과보다는 매출을 올리기 위해 일한다고 말합니다.

이와 같은 지적에는 어느 정도 일리가 있지만 실패 대부분은 세 가지 이유 때문입니다.

첫째, 수준 낮은 사람을 고용한 것, 둘째, 적절한 감독과 훈련이 부족했던 것, 셋째, 권서인과 전도자의 직분을 정확하게 나누지 못한 것입니다.

성공적인 권서인이 되려면 가장 높은 수준의 윤리적인 담력과 힘이 필요합니다. 권서인은 완전히 실패하여 사라지거나, 성공적인 조사나 목회자로 성장하기 때문에 권서인으로 오래 남아있는 경우는 드뭅니다.

권서인을 선발할 때, 선교부 감리사는 그러한 성장을 이룰 수 있는 사람을 얻기 위해 더 많은 주의를 기울여야 합니다.

효율성을 높이기 위해 선교사들은 가능한 한 권서인과 함께

In order to secure greater efficiency, missionaries should travel with and personally direct their colporteurs as much as possible. Many try to combine in one the offices of colporteur and evangelist but I do not believe it can be done to the best advantage. The colporteur is primarily a sower while the evangelist should follow him up, find where the seed has fallen upon good ground, proceed to cultivate it and finally reap the harvest.

When I first came to Korea in September 1907, the more than two hundred inhabited islands off the S. W. coast of Korea were, for the most part, entirely unevangelized. I adopted the policy of broad-cast seed-sowing through colporteurs, to be followed later by evangelists doing more intensive work in restricted areas wherever the seed had fallen upon good soil and gave promise of a harvest.

In about five years with two to five colporteurs not only nearly every island but practically every house was visited and considerably over one hundred thousand Gospels were sold, not given away. In our best year we sold over forty thousand Scripture portions, mostly Gospels.

While as yet the visible results may be said to be incommensurate with the effort, yet these results have not been inconsiderable and are accumulative while only eternity will show the full results. To my own certain knowledge there are many isolated Christians where

여행하며 직접 지도해야 합니다. 많은 사람이 권서인과 순회 전도자의 직분을 하나로 합치려고 하지만, 저는 그것이 가장 좋은 방법이라고는 생각하지 않습니다. 권서인은 일차적으로 씨를 뿌리는 사람이고, 전도자는 그를 뒤따라 좋은 땅에 씨앗이 떨어진 곳을 찾아 가꾸고 최종적으로 수확하는 역할을 해야 합니다.

1907년 9월 제가 처음 한국에 왔을 때, 한국 서남해안에서 사람이 거주하는 200여 개의 섬들 대부분은 복음화되지 않은 상태였습니다. 저는 권서인 통해 광범위하게 씨를 뿌리는 정책을 시행했고, 뒤이어 전도자들이 좋은 토양에 씨앗이 떨어져 수확의 소망이 있는 제한된 지역에서 더 집중적으로 사역하도록했습니다.

약 5년 동안 2~5명의 권서인들이 거의 모든 섬뿐만 아니라 거의 모든 가정을 방문했고, 10만 권이 넘는 복음서를 그저 나눠 준 것이 아니라 판매했습니다.

가장 실적이 좋았던 해에는 4만 권 이상의 부분 성경을 판매했는데, 대부분 복음서였습니다.

아직은 눈에 보이는 성과가 노력에 비해 미미하다고 말할 수 있지만, 이러한 성과는 결코 무시할 만한 것이 아니고 계속해서 쌓여가고 있으며, 영원의 시간만이 완전한 결과를 보여줄 것입니다.

제가 알기로는 아직 조직적인 사역이 없는 지역에 고립된 그리스도인들이 많이 있는데, 수많은 가라지 속에 얼마나 많은

as yet there is no organized work and who knows how many blades of wheat may be hidden from view by the multitude of tares?

The greatest result was in the way of general preparation. Where once there was either the densest ignorance of, or prejudice against the Christian religion, now the name almost at least, of Jesus is generally known; almost any one can tell you where the nearest church is and even in spite of inconsistent Christians there is the general knowledge that the Christian religion stands for righteousness and truth.

In travelling through all parts of my field where there were no churches I have met quite a number who showed a considerable knowledge of Christianity and seemed not far from the Kingdom.

Many have had their consciences aroused and made more susceptable to the reception of the Truth. Where colporteurs have gone and Gospels been sold it is much easier to preach and hold meetings and find those willing to talk of spiritual things.

Just how many churches have been started and just how many have come into these churches as a direct result of the work of the colporteurs it is impossible to say, but I feel sure great credit must be given their work for the steady growth year by year even when in other parts

밀알이 보이지 않게 숨겨져 있을지 누가 알겠습니까?

가장 큰 수확은 전반적인 인식 변화에 있습니다. 한때 기독교에 대한 무지나 편견이 가장 심했던 곳에 이제는 예수의 이름이 대부분 알려져 있고, 거의 모든 사람이 가장 가까운 교회가 어디 있는지 말할 수 있으며, 심지어 크리스천들이 모순적인 모습을 보이더라도 기독교는 의와 진리를 표방한다는 보편적인 인식이 있습니다.

교회가 없는 지역을 여행하면서 기독교에 대해 상당한 지식을 가지고 있고 하나님나라에서 멀지 않은 것처럼 보이는 사람들을 꽤 많이 만났습니다.

많은 사람의 양심이 깨어나 진리를 받아들이는 것에 더 민감해졌습니다. 권서인들이 가고 복음이 팔린 곳에서는 설교하고 집회를 열고 영적인 것에 대해 기꺼이 이야기할 사람들을 찾기가 훨씬 쉬워졌습니다.

권서인 사역의 직접적인 결과로 얼마나 많은 교회가 시작되었고 얼마나 많은 사람들이 그 교회들에 가게 되었는지는 말할 수 없지만, 이 나라의 다른 부분에서 퇴보가 있었을 때조차 해마다 꾸준히 성장한 데에는 그들의 사역에 큰 공로가 있었음을 분명히 인정해야 한다고 확신합니다.

권서인들이 수년간 부지런히 씨를 뿌린 것을 고려하지 않는다면 작년에 6개의 새로운 교회가 생겨난 것과 제가 속한 지역 전체에서 교회 출석률이 100% 증가한 것을 어떻게 설명할 수 있을까요? 인구가 3만 명이 넘는 한 큰 섬은 10년이 넘도록 권

of the country there was retrogression. Unless we take into account the years of diligent seed sowing by the colporteurs how can we account for the half dozen new groups last year and the one hundred per cent increase in church attendance throughout my field. One large island with over thirty thousand population was for over ten years as adamant in spite of nearly 10,000 Gospels sold there by the colporteurs, but Jeremiah tells ns God's Word is a hammer and as such it will in time break the hardest stone.

It proved so in this case for last year there at last appeared a crack in this great rock that so long had resisted all assaults and just so soon as I saw the opening I put in an evangelist as a wedge. Today in the chief town of this large island a very filourishing work has begun and the future is bright with hope and Promise of a large ingathering.

West of Mokpo there is an isolated group of six islands from forty to eighty miles off the coast. In spite of great difficulties colporteurs have repeatedly visited all but one which has no means of communication with the outside world as yet.

After years of seeming fruitless seed sowing a little group of Christians sprang up on the central island so I sent an evangelist to live there.

서인들이 거의 1만 권의 복음서를 판매했음에도 불구하고 완고한 태도를 보였지만, 예레미야는 하나님의 말씀은 망치이기 때문에 시간이 지나면 가장 단단한 돌도 깨뜨릴 수 있다고 말합니다.

이를 증명하듯 그토록 오랫동안 모든 공세에 저항해온 이 큰 바위에 마침내 균열이 생겼고, 저는 그 틈을 보자마자 전도자를 쐐기로 박아 넣었습니다. 오늘날 이 큰 섬의 주요 마을에서 크게 부흥할 사역이 시작되었고 이곳의 미래는 희망과 큰 수확의 약속으로 밝습니다.

목포 서쪽에는 해안에서 40~80마일 떨어진 여섯 개의 섬으로 이루어 진 고립된 그룹이 있습니다. 많은 난관 속에서도 권서인들은 아직 외부와 소통할 수단이 없는 한 섬을 제외한 모든 섬을 반복해서 방문했습니다.

수년 동안 열매가 없어 보이는 씨를 뿌린 끝에 중앙 섬에 작은 기독교인 교회가 싹을 틔웠고 저는 그곳에 전도자를 보내 살게 했습니다.

이번 겨울에는 이 섬들 중 가장 가까운 섬에서 새로운 그룹이 시작되었고, 적어도 세 곳의 다른 섬에는 신자가 한명씩 있습니다.

이와같이 사탄의 거점을 공격할 때는 먼저 1년 혹은 필요하다면 수년까지도 권서인을 통해 그곳을 폭격하는 것으로 시작하는 것이 매우 중요하다는 것을 저는 깨달았습니다.

그렇게 잘 준비된 다음 전도자들이 뒤따른다면 새로운 교회를

This winter a new group has started on the nearest of these islands while on at least three others there are individual Christians.

In the same way I have found in attacking any stronghold of Satan, it was very valuable to first begin for a year, or even many years if necessary, by bombing through the colporteurs.

If such preparation is well done and is then followed up by evangelists it is comparatively easy to start new groups of believers whereas working without such preparation is much like trying to take a walled city without battering rams.

All praise and credit to the colporteurs who bear the heat and burden of the day, who bear all things, suffer all things that some may be saved. How true of them that they sow where others reap.

Through the failure of the few let us not disparage the noble, self sacrificing work of the many. My best helpers today were the colporteurs of yesterday.

시작하기가 비교적 쉽지만, 그런 준비 없이 사역하는 것은 성벽으로 둘러싸인 도시를 공성추 없이 점령하려는 것과 같습니다.

누군가 구원받을 수 있도록 그날의 더위와 짐을 지고, 모든 것을 견디며, 모든 것을 겪어내는 권서인들에게 모든 찬사와 공로를 돌립니다. 다른 사람들이 거두는 곳에 씨를 뿌리는 그들은 얼마나 진실한 사람들입니까. 소수의 실수를 보고 많은 사람의 고귀한 헌신적인 사역을 깎아내려서는 안 됩니다.

오늘날 제결에 있는 최고의 조사들은 어제의 권서인들이었습니다.

The Korea Misson Field, Dec, 1921.
Island Itineration
By H. D. McCallie

Even from the top of the little mountain that dominates the scenery at Mokpo the open sea is not visible, but in every direction it is as though some great inundation had invaded the land, leaving only hills and mountains to rear their heads above the flood. So thickly are islands strewn along the coast that it is impossible to distinguish them from the mainland and one can go long distances north or south from island to island by ferries.

Those that fringe the coast might, as it were be called the coast guards; then out further is the main body of islands and away out further still are lonely islands standing like sentinels on guard.

The largest island, Chindo, has over one hundred villages and some forty thousand people. It is not different from the mainland with which it is connected by ferry across a narrow but dangerous channel, where the tides rush back and forth with terrific force.

Thirty other islands are of good size with from one to five thousand people each.

코리아 미션 필드, 1921년 12월
섬 순회
맹현리 목사

목포의 전경이 한눈에 들어오는 작은 산 정상에서도 탁 트인 바다는 보이지 않고, 사방은 마치 큰 홍수가 육지를 덮쳐 언덕과 산들만 범람한 물 위로 머리를 내밀고 있는 것처럼 보입니다. 해안을 따라 섬들이 빽빽이 들어서 있어 육지와 구분을 할 수 없을 정도이며, 배를 타고 섬과 섬 사이를 옮겨 다니며 북쪽이나 남쪽으로 먼 거리를 이동할 수 있습니다.

해안 변두리에 있는 섬들을 해안경비대라고 한다면, 더 멀리 나가면 섬들의 본체가 있고, 더 멀리 나가면 외로운 섬들이 보초를 서는 파수꾼처럼 서 있습니다.

가장 큰 섬인 진도에는 100여 개의 마을과 4만여 명의 주민이 살고 있습니다. 섬은 육지와 별반 다르지 않은데, 조수가 엄청난 힘으로 드나드는 좁고 위험한 해협을 지나는 배편으로 육지와 연결되어 있습니다. 나머지 30개의 섬은 각각 1천 명에서 5천 명 정도의 인구가 사는 적당한 크기의 섬입니다.

50개 이상의 섬들에는 각각 100명 이상이 거주하며 교회가 들어설 수 있을 만큼 크지만, 해안으로부터 100마일 이상 떨어진 먼바다에 여기저기 흩어져 있어서 모든 섬에 어떻게 접근할 수 있느냐가 문제입니다.

Over fifty others have upward of a hundred people each and are large enough for a church, but when they are so scattered up and down a hundred miles or more of coast, and far out to sea, how to reach them all is the problem. Practically all of any size have been visited, but many only once in ten years.

For the work to be properly done requires a steamer and at least one man to give his whole time to these islands.

My experiences have been varied and often exciting.

Much of the time I have had the thrill of an explorer, being not only the first missionary but the first white man to visit many of the islands.

Most of my itinerating has been done in an open sailboat, but now I generally travel by gasoline launch or steamer which touches all the main islands in carrying the mails.

In large sections of the island field. there are no apparent results after more than ten years of seed-sowing but we continue to sow in hope. Part of the island territory formerly worked by me has been turned over to the missionaries living in our Soonchun station, but in the remaining portion there are now four organized, entirely self-supporting churches, some half dozen churches without elders and over a dozen other regular places of meeting.

실제로 규모에 상관없이 거의 모든 섬을 방문했지만, 많은 섬은 10년에 한 번 밖에 방문하지 못했습니다.

제대로 된 사역을 하려면 증기선이 필요하고 최소한 한 명은 섬에 온전히 시간을 할애해야 합니다. 저는 다양한 경험을 해왔고 흥미진진한 경우도 많았습니다.

많은 섬들에서 저는 최초의 선교사로서뿐만 아니라 그들을 방문하는 최초의 백인으로서 탐험가가 된 듯한 스릴을 느꼈습니다. 대부분의 순회 여행은 개방형 범선을 타고 다녔었지만, 지금은 주요 섬들에 우편물을 운반하는 가솔린 기선이나 증기선을 타고 다니고 있습니다.

10년 넘게 씨를 뿌려도 뚜렷한 성과가 없는 섬 지역이 많지만 희망을 품고 계속 씨앗을 뿌리고 있습니다. 제가 일하던 섬 지역 중 일부는 순천에 거주하는 선교사들에게 넘겨졌지만, 나머지 지역에는 현재 조직적이고 완전히 자립한 교회가 네 곳, 장로가 없는 교회가 여섯 곳, 정기적으로 모이는 곳도 열두 곳이 넘습니다.

목포에서 남동쪽으로 약 65마일 떨어진 조약도에 있는 관산리 교회[31]를 예를들어 보겠습니다. 한국에 들어온 지 2주년이 되던 해에 저는 10명의 최초의 교인들에게 세례를 베풀었는데,

31)
완도군 약산면 관산리에 있는 약산제일교회, 오웬 선교사가 전도하여 세워진 교회로서 후에 맹현리와 조하파 선교사에 의해 성장하였다. 1914년 첫 장로된 최병호는 맹현리의 조사 겸 매서인으로 섬전도에 크게 조력하였다. 그의 아들 최섭은 목포 병원의 길머 의사의 후원으로 목포 병원의 의사가 되었으며 해방이후 목포 초대시장을 역임하였다.

Let us take for example the church of Kwan San Ni on the island of Choyak, about 65 miles southeast of Mokpo. On the second anniversary of my landing in Korea I baptized the first members, ten in number, three of whom are now elders and not one of whom has gone back to the world.

Every member of this church is working with one heart and mind under the leadership of the elders and as a result, during the past year, over sixty new believers have been received into the catechumenate after a rigid examination of their life and knowledge.

On their own, and a neighboring island for which they have assumed responsibility, they are maintaining ten prayer-meeting places and seven Sunday-schools especially for heathen children. In spite of poor crops and scarcity of money they have contributed during the past year $80.00 for all causes over and above the running expenses of the local church and their two schools.

The boys' school has an enrollment of about forty and the school for girls about twenty; according to mission rules they not only pay the running expenses but half the teacher's salary as well. There are twelve villages on the island and they plan to have a Sunday-school in every one and eventually a prayer-meeting places. They

그중 3명은 현재 장로가 되었고 한 명도 세상으로 돌아가지 않았습니다.

이 교회의 모든 성도는 장로님들의 지도력 아래 한마음 한뜻으로 일하고 있으며, 그 결과 지난 한 해 동안 60명이 넘는 새신자들이 그들의 삶과 지식에 대한 엄격한 시험을 거쳐 교리 교육 과정에 입학했습니다.

그들은 그들의 섬과 그들이 책임을 맡은 이웃 섬에서 10개의 기도 모임 장소와 특별히 비신자 어린이들을 대상으로 하는 7개의 주일학교를 운영하고 있습니다. 작황이 좋지 않고 돈이 부족한데도 그들은 지난 한 해 동안 지역 교회와 두 학교의 운영비 이외에 자율경비로 80달러를 더 기부했습니다.

남학교는 약 40명, 여학교는 약 20명의 학생이 재학 중이며, 선교 규칙에 따라 운영비뿐만 아니라 교사 급여의 절반도 지불하고 있습니다. 섬에는 열두 개의 마을이 있으며, 모든 마을에 주일학교를 세우고 궁극적으로는 기도 모임 장소도 마련할 계획입니다. 그들은 또한 이웃한 두 개의 섬에서 공격적인 전도 활동을 계획하고 있습니다.

지역 신도 중 남성 4명과 여성 1명이 교회 사역을 전업으로 감당하고 있으며, 장로 한 명은 자신의 일과 시간 중 절반을 무보수로 헌신하고 있습니다. 총 세례교인은 70명 미만이지만 평균 출석 인원은 200명이 넘습니다.

그들은 올해 두 개의 예배당을 세우고 내년 봄에 본당을 재건축할 계획입니다. 기존 교회는 잡초와 짚으로 지어진 평범한

are also planning aggressive evangelistic work on two neighbouring islands.

Four men and one woman of the local congregation are giving their whole time to church work and in addition one elder is giving half his time without compensation. The total baptized membership is less than seventy but the average attendance is over two hundred.

They plan to erect two chapels this year and to rebuild the main church next spring. The old church is the usual weed and straw affair but the new one will be of stone with a tile roof.

I have never known the native Church so alive and aggressive, and the above is only a sample of the new awakening. In spite of the long distance and the summer heat and rains the above church sent in eight men to the month's Bible Class that has just closed.

For many years vain efforts were made to plant a church in the country-seat on the large island of Chindo; than came the ‘Independence Movement’ and several young men of prominent families happened to spend a year in the same jail with the elder of our local church, who was a seminary student.

As a result they not only came out Christians but with a good knowledge of the New Testament.

건물이지만 새 교회는 기와 지붕에 돌로 지어질 예정입니다.
저는 현지 교회가 이렇게 활기차고 공격적인 모습을 본 적이 없으며, 지금까지 소개한 내용은 새로운 각성의 한 예일 뿐입니다. 거리가 먼 데다 여름철 더위와 비에도 불구하고 위 교회는 방금 폐강한 이달의 성경 수업에 8명의 남자를 보냈습니다.

수년 동안 진도라는 큰 섬의 시골 마을에 교회를 개척하기 위해 노력했는데, '독립운동'이 일어났고, 명문가의 청년 몇 명과 신학생이며 목포교회 장로인 한 사람이 같은 감옥에서 함께 1년을 보내게 되었습니다.[32] 그 결과 그들은기독교인이 되었을 뿐만 아니라 신약성경에 대한 지식도 풍부하게 갖추게 되었습니다.

지난 2월 이곳에서 열린 한 달간의 성경학교[33]에서 아직 세례를 받지 않았지만 한 명이 1등으로 졸업했고, 이번 여름 성경학교에서도 또 한 명이 같은 성적을 거두었습니다.

---

32)
1919년 3.1운동으로 목포 형무소에서 수감된 이는 목포교회의 장로 곽우영과 진도의 청년들이 있었다. 곽우영 장로는 옥중에서 함께있는 이 청년들에게 복음을 전했고, 이들 중 다수는 출옥 후 고향 진도로 돌아와 진도읍교회를 세웠다. 이 교회 청년으로 정경옥은 후에 한국감리교회의 교수로 일하였고, 박석현도 평양신학교 졸업후 목사가 되어 나주와 광주 양림교회 등에서 목회하였으며 6.25 순교하였다.

33)
달 성경학교: 농한기인 겨울에 한 달 가량 집중적으로 열렸던 성경학교. 교회 지도자 양성하는 신학교의 전 모델이었다. 목포 달성경학교는 맹현리 선교사가 시작하여 조하파 선교사가 이어서 체계를 갖추었고, 해방이후에는 성경고등학교, 성경신학원으로 발전하였다.

In our month's Bible Institute here last Febuary one, though not yet baptized, took off first honors and another did the same in this summer's Bible Institute.

We now have a most flourishing work there and a night-school with over fifty attending.

In the good old days, before I was loaded down with so much work on the mainland, I used to load up a sail boat with Gospels and colporteurs, cruise around several weeks or a month, according to wind and tide, and then return with the boat laden down with seaweed and other island produce received in exchange for the Gospels.

I will have six evangelists by fall besides the church helpers working in strategic centers among the islands, but I long for the time when my wife and I can live on our own steamer and give our whole time to this most promising field of labor.

지금은 이곳에 가장 번성하는 사역이 있고 50명 이상이 참석하는 야간 학교도 있습니다.

예전에 본토에서의 제 업무량이 너무 많아지기 전에는 돛단배에 복음서를 싣고 권서인들과 함께 바람과 조수에 따라 몇 주 혹은 한 달가량 항해한 후에, 복음서와 교환한 해조류와 다른 섬 농산물을 한 배 가득 싣고 돌아오곤 했었습니다.

가을이 되면 섬들 가운데 전략적 요충지에서 일하는 교회 조사들 외에도 6명의 전도자를 더 두게 되겠지만, 저는 아내와 제가 저희 소유의 증기선에 기거하며 가장 전도 유망한 이 사역지에 온전히 헌신할 수 있는 날이 오기를 간절히 소망하고 있습니다.

The Korea Mission Field, Jan, 1924
The Lepers are Healed
H. D. McCallie

Some ten years ago in a certain village in southern Korea dwelt a man by the name of Yi with his wife and little girl. They had a home and enough fields to furnish a living; so they were comparatively well off until one day it developed that he was a leper and his wife, through fear, ran off with another man.

The disease rapidly grew worse until finally he was forced to turn over all his possessions and his little girl to his brother and take his lonely way to the leper asylum in Kwang-ju?

Despair filled his heart, for had he not like Job lost all that made life worth living and was he not cursed of heaven and doomed to a living death? Truly at that time he was without God and without hope.

In the asylum he learned for the first time of the great Physician who loved even lepers and feared not to touch them. Gradually light and hope came into his darkened mind and ere long the presence of Jesus in his heart made up for all he had lost.

코리아 미션 필드, 1924년 1월
나병 환자들이 치유되다
맹현리 목사

약 10년 전 한국 남부의 어느 마을에 이 씨라는 남자가 아내와 어린 딸과 함께 살았습니다. 그들에게는 생계를 꾸려갈 집과 충분한 밭이 있었기 때문에 그들은 비교적 잘 살았습니다. 어느날 이 씨에게 나병이 생기고 그의 아내는 두려움 때문에 다른 남자와 도망을 갔습니다.

그의 나병은 급속도로 악화되어 결국 그는 모든 재산과 어린 딸을 자기 형제에게 넘겨주고 광주의 나환자 병원[34)]으로 외로운 길을 떠나야 했습니다.

욥처럼 삶을 살 가치가 있게 했던 모든 것을 잃어버리고 하늘의 저주를 받아 죽음보다 못한 운명에 처한 것은 아닐까, 하는 절망이 그의 마음을 가득 채웠습니다. 참으로 그 당시 그에게는 하나님도 없고 희망도 없었습니다.

나 병원에서 그는 나환자까지도 사랑하고 그들 만지기를 두려워하지 않았던 위대한 한 의사에 대해 처음으로 배웠습니다.

---

34)
광주 나병원: 1909년 4월, 포사이드 선교사가 나주에서 나환자 여인을 자신의 말에 태우고 광주 병원에 데려와 치료받도록 한 일은 반만년 한국 역사 최대의 놀라운 사건이었다. 광주 병원에 있던 윌슨 의사는 이 일을 계기로 남도의 나병 치료에 전념하였다. 윌슨과 서서평 선교사는 함께 광주 봉선동에 나환자 마을과 교회를 세웠으며, 1926년에는 여수 신풍리로 옮겨 애양원을 설립, 현재에 이르고있다.

He made a complete surrender and determined to serve the Lord as well as he was able. Years ago when holding a Bible class in Kwang-ju in cold weather a lean-to was built just outside an open window and he with others sat outside regardless of the cold in their eagerness to learn God's word.

He was desirous that his little girl receive a Christian education and placed her in the girls' school at Kwang-ju. She is now happily married into a Christian family.

Mr. Yi was not only baptized but later became the first elder in the asylum. His disease had been checked but he hardly dared hope he would leave the asylum and mingle at will with his fellowmen. but Christ who healed lepers of old is the same today, yesterday and forever; so one day this year the doctor thoroughly examined him and pronounced him clean of any taint of leprosy.

The leper missionary society sent him as an evangelist to a large island in my field whence a number of lepers had come. It was a most difficult field but he was a trained personal worker and very soon had a small following which steadily increased.

After six months more then twenty were meeting regularly and upon examination nine have been received into the catechumenate. I have never known such recent

어두웠던 그의 마음속에 점차 빛과 희망이 찾아왔고, 어느새 그의 가슴 속 예수님의 임재가 그가 잃었던 모든 것을 보상했습니다.

그는 완전히 순복하고 자신이 할 수 있는 힘껏 주님을 섬기기로 결심했습니다.

몇 년 전, 추운 날씨에 광주에서 성경공부를 열었을 때 열린 창문 바로 바깥쪽으로 달개를 지었는데, 그는 다른 사람들과 함께 하나님의 말씀을 배우고자 하는 열망으로 추위에도 아랑곳하지 않고 그곳에 앉아 있었습니다.

그는 자신의 어린 딸이 기독교 교육을 받기를 간절히 원했고, 광주의 여학교에 입학시켰습니다. 그의 딸은 현재 기독교 집안으로 시집가서 행복하게 살고 있습니다.

이 씨는 세례를 받았을 뿐만 아니라 나중에 자신이 있던 나환자 보호소의 첫 장로가 되었습니다. 그의 병은 더 진행되지 않았음에도 그는 감히 나병원을 떠나 동료들과 마음대로 어울리기를 바랄 수 없었지만, 오래전 나환자들을 고치신 그리스도는 어제나 오늘이나 영원토록 동일하십니다.

올해 들어 어느 날 의사가 그를 철저히 진찰하고 아무런 나병 증세 없다며 완쾌 판정을 내렸습니다.

나환자 선교회는 그를 나환자들이 많이 모여 사는 제 선교지에 있는 큰 섬에 전도자로 파송했습니다. 그곳은 가장 힘든 사역지였지만 그는 훈련된 개인 사역자였고 금세 따르는 소수의 사람이 생겼고 꾸준히 늘어났습니다.

believers to have made a more complete break with the world and to have a clearer apprehension of the principles of Christianity.

This was my first experience in employing healed lepers as evangelists but it was so successful I immediately secured the services of another who is doing good work on an island. I never thought of a leper asylum as a theological seminary before but such it is proving to be by the grace and power of God.

Fourteen years ago I held my first communion service in Korea at which time twelve were baptized.

Among them was a young man of about twenty. Several years later he developed leprosy which made rapid progress so that when my attention was called to him his face was scarred and the disease had eaten clear through one jaw. I sent him to the asylum at Kwang-ju but never expected him to live.

Just a short while back I was sitting in a room with several Korean friends eating pineapple and cake. Among them was a young man who possessed a remarkable knowledge of the Bible. but the only other thing noticeable about him was a slightly scarred cheek. This was the same man.

Once he was a leper, loathsome and vile, whom no one would have cared to be in the room with but now he is

6개월이 지나자 20명 이상이 정기적으로 모임을 했고, 시험을 거쳐 9명이 교리 교육 과정에 들어갔습니다. 저는 이렇게 갓 신앙을 갖게 된 신자들이 이보다 더 세상으로부터 완전히 자유로워지고 기독교 원리를 더 명확하게 이해한 경우를 본 적이 없습니다.

치유된 나환자를 전도자로 고용한 것은 이번이 처음이었지만 너무나 성공적이어서 섬에서 훌륭한 사역을 하고 있는 다른 한 사람을 즉시 전도자로 세웠습니다. 지금까지 나환자 수용소가 신학교가 될 수 있을 거라고 생각한 적이 없었는데, 하나님의 은혜와 권능으로는 그것도 능히 가능하다는 것이 여기서 증명되고 있습니다.

14년 전 한국에서 처음으로 성찬식을 거행했는데 그때 열두 명이 세례를 받았습니다.

그중에는 스무 살 정도의 청년도 있었습니다. 몇 년 후 그는 나병에 걸렸고 증상은 빠르게 진행되어 제가 그를 찾았을 때 그 얼굴은 상처투성이였고 한쪽 턱은 나균에 완전히 먹혀버린 상태였습니다. 나는 그를 광주의 나환자 보호소로 보냈지만, 그가 살아날 것이라고는 전혀 기대하지 못했습니다.

얼마 전 저는 한국인 친구 몇 명과 함께 방에 앉아 파인애플과 케이크를 먹고 있었습니다. 그중에는 성경에 대한 놀라운 지식을 가진 한 청년이 있었는데 다른 눈에 띄는 것이라고는 뺨에 약간 흉터가 있다는 정도였습니다. 그가 바로 그 나병에 걸렸던 청년이었습니다.

a valuable co-worker and so great is the change that I myself could scarcely realize he is the same person.

He is now doing faithful earnest work on an island eighty miles southeast of Mokpo. It is a fine testimony to the kind of training received in the leper asylum, that though he had almost no previous education he now is so intelligent and generally well informed that he mingles freely with the better class of people and they hear his message gladly.

한때 그는 끔찍하고 지독한 나병에 걸린 환자였고 누구도 함께 있기를 꺼려했던 사람이었지만 지금은 귀중한 동역자가 되었고 그 변화가 너무도 완벽해서 저 자신도 그가 예전의 그 사람이라는 사실을 거의 알아차리지 못했을 정도였습니다.

그는 지금 목포에서 남동쪽으로 80마일 떨어진 섬에서 성실하게 사역하고 있습니다. 이는 그가 나환자 수용소에서 받은 교육에 대한 훌륭한 증거로, 그는 비록 교육을 제대로 받은 적이 없었으나 지금은 매우 지적이고 전반적인 지식이 풍부하여 더 나은 수준의 사람들과 자유롭게 어울리고 그들도 그의 메시지를 기꺼이 듣습니다.

맹현리

연보

1881년	4월 16일 채터누가 출생 아버지 Thomas Hooke McCallie 목사와 어머니 Ellen Douglas Jarnagin 사이에서 16남매중 12번째 자녀
1900년경	채터누가 베일러스쿨 중등학교 졸업
1904년 (23세)	버지니아 대학교 졸업
1905년 (24세)	버지니아 유니언신학교 졸업
1907년 (26세)	프린스턴신학교 문학석사 3월 12일 미남장로회 선교사 임명 7월 테네시주 녹스빌노회 목사 안수 8월 20일 선교지로 출발 9월 11일 내한, 서울 도착. 광주 거쳐 목포 선교부에서 사역
1909년 (28세)	12월 29일 결혼(에밀리 코델), 6주간 중국, 대만, 일본 신혼여행
1910년 (29세)	부모 에딘버러 선교대회 참가

1911년 (30세)	6월 25일 딸 앨리스 코델(Alice Cordell) 출생 10월 미국 안식년
1912년 (31세)	4월 목포 복귀 아버지(Thomas Hooke McCallie) 사망
1914년 (33세)	어머니(Ellen Douglas Jarnagin)와 형(James Park McCallie), 미남장로교 방문단과 함께 한국 방문 11월 미국 안식년
1915년 (34세)	4월 18일 안식년 마치고 미국 출국 5월 8일 한국 목포 복귀
1917년 (36세)	목포 영흥학교장 (아내 에밀리 선교사는 정명학교 사감)
1921년 (40세)	목포성경학교장
1922년 (41세)	3월 미국 안식년
1923년 (42세)	목포 복귀

1927년 (46세)	1월 병가 얻어 귀국 (영국을 거쳐 6월 미국 도착) 건강상 이유로 무기한 휴직
1930년 (49세)	2월 11일 목병이 커져 더 이상 사역하지 못하고 선교사 은퇴
1931년 (50세)	5월 부인 에밀리 코델 58세로 샌안토니오(San Antonio) 병원에서 수술중 별세 묘 : 아칸소주 엘도라도 우드론(Woodlawn) 공원
1945년 (64세)	10월 20일 텍사스주 달라스 맥키니에서 사망 묘 : 아칸소주 엘도라도 우드론 공원
1970년	딸 에밀리 코델 사망 묘 : 채터누가 포리스트힐즈 묘지

이 섬에 생명을,
저 섬에 소망을,

맹현리

Henry D. McCallie